大東區

◉林燿德／著

聯合文叢 089

目次

自序

林燿德

八〇年代末期到九〇年代初期，是我對文學的態度更爲清晰的一個階段。如果說什麼要把創作當成終身志業的濫調，自己都會覺得很噁心；只能這麼說，我開始明白自己的限制以及只有自己一個人可以深入的神奇領域。過去的我是不相信限制的，不相信限制的人非常可愛，像包利華那樣的空想家，他想要建立一個統一而巨大的國度，能夠貫穿南北美洲，所以當他死後留下了遍布裂痕的拉丁世界。

相信限制的人是優雅的，優雅可以學習也可以自然生成；優雅的人談不上可愛，有時候甚至是可鄙的。年邁的達太安不必再爲皇室送死，那也是另一種優雅，他終於弄清楚在有生之年永遠會出現新任的紅衣主教，繼承被人打倒的上一任紅衣主教、並且吸取了失敗的教訓。

但是，我的心靈視野開始開展，知道如何在現實中找到無數通往夢幻和惡魔的通道，如何在世人的想像力中看到現實和歷史被扭曲的倒影，如何進入他者的內在或者穿越集體的幻相，如何表達卑鄙與崇高並存的自我。

這個階段的我回歸到一個更眞實的世界中，而且喜愛到不同的世界中旅遊。

大東區

「爲了奪取人類建造的黃金國度——日本國，鬼族的總支配者瑪沙卡德即將復活，讓百姓們生活在恐怖之中。眼看殘暴的瑪沙卡德就要控制坂東的核心—江戶城，凡塵面臨空前危機。」

「於是八百萬衆神從『火の一族』中選出三名勇士，授予聖玉，命令他們剷除瑪沙卡德以及罪惡的大門教徒。三名勇士結合聖玉的力量，將和瑪沙卡德麾下大門教十三個魔頭以及不計其數的妖靈做殊死戰。」

「那個時代，世界仍然充滿夢和冒險。……『火の一族』是由蟾蜍族、蛇族和蛞蝓族三個部落組成的，守護著日本國；整個故事從筑波山上的蟾蜍仙人和他的弟子自來也展開。」

「國外傳教師布袋丸來到自來也師徒修行的筑波山，他用拙劣的日語警告蟾蜍仙人和自來也。布袋丸說：美麗的日本國將被邪惡的魔鬼所支配；他自己的國家已經被魔族所統治，爲了雪恨，他追踪魔鬼使徒，遠渡重洋來到日本國，發現魔族已易名『大門教』，對日本國的百姓進行洗腦，暗中施法，準備讓坂東的地靈——瑪沙卡德復活，以取得控制全日本的力量。」

「自來也是蟾蜍族的後裔，在恩師蟾蜍老人的指引下，他將肩負起拯救日本國的使命。他出發到往江戶城的旅程前，蟾蜍仙人告訴他：『火の一族除了蟾蜍族之外還有蛇族和蛞蝓族，你必須去尋找另外兩名火の一族的勇士。』布袋丸接著提出疑問：『能集合三名勇士，眞令人熱血沸騰，但是火の一族眞的能夠消滅瑪沙卡德和大門教派嗎？』蟾蜍仙人沉思半晌，他遲疑地說：『誰知道？但是根據傳說，只要三個勇士找到衆神賞賜給他們的三塊聖玉，結合三勇士與三寶玉，就可以打倒惡靈。』自來也得到指示，開始步上漫長的旅程。」

自來也步行在橫向移動的畫面上。

他在村莊裡到處打聽線索，進入一棟掛上「雜」字的雜貨店，村莊的平面圖立即轉成雜貨店內部的三度空間畫面，俏麗的老闆娘，以切割畫面出現在畫面右側，框內上半身的特寫，神情生動，媚眼迫人，透過電視的喇叭道出輕脆悅耳的少婦聲調：

どうしてもというのなら
この筑波村　したく　してから
出かけたほうが　いいよ

阿呆全神貫注在眼前的廿九吋螢幕上。

體積小巧的CD·ROM系統和PC-Engine組合在介面機組中，光碟片中的軟體繼續透過AV端子的聯線播放在水平解像度七〇〇條的螢幕中。

……自來也總算找到蛞蝓族的勇士，金髮的俏女郎綱手和他相會，他們在螢光幕中一前一後向未知的前途邁進。

奧祕而深沈的音樂聲突度劇變，鳥瞰的地景異化爲三D的透視空間，三名持著禪杖，用竹笠覆面的大門僧侶在激昂、喧鬧的重金屬配樂襯托下現形。

阿呆按下控制鈕。

畫面表列出自來也的作戰能力：

自來也／7段／金43兩

裝備：古代劍／鐵鎧／神風靴

經驗値：513／631
攻擊力：14
守備力：10

阿呆控制選擇箭頭，一連串法術的名稱羅列畫面：

若草術▲效果範圍／仲間一人．效果／回復體力50．消費技力／2
粉火術▲效果範圍／敵方全員．效果／殺傷體力30．消費技力／2
月寢術▲效果範圍／敵方一匹．效果／催眠敵方一匹↑．消費技力／4
禁印術▲效果範圍／敵方一匹．效果／封住敵方法術↑．消費技力／3
清水術▲效果範圍／仲間全員．效果／毒沼解毒↑．消費技力／7

…………

畫面撼動，大門僧侶發動攻擊。紀錄表上自來也和綱手的體力數值直線下降。自來也的粉火術狠狠反擊，三名僧侶的軀體被激盪的火花重創，綱手及時施展密技，讓敵方瞬間碎爲齏粉。

雷射光碟在巴掌大的CD．ROM系統中定速旋轉。

自來也和綱手一前一後地穿越山岳間迂迴的一條步道。

阿呆轉頭，春仔斜斜攤在小牛皮沙發上。

「春仔，要不要接手？」

春仔沒吭氣；小克大步過來，順手抓起遙控器，電視螢幕霎時喪失畫面，阿呆大吼：「毀啦，你這個鳥人！」

小克裝模作樣地伸出右手食指，在CD・ROM的控制鈕輕點一下，介面機組上所有的燈號同時俱滅。

「撞牆去吧，阿呆你乾脆把你的大腦也放進程式裡去。」小克很欣慰自己採取了斷然的措施。

「我給你跪，」春仔睜開眼睛，放下擱在茶几的一雙大腿，搶過阿呆手上的操縱器：「我們兩個到貴府來，可不是來看你用電動玩具打管。」

阿呆站起他高大軀幹，拍拍肥注注的小腹，一臉不悅。

「怎麼？去賓果。」小克提議，他歪著頭，騰出一片雪白的頸項，用指甲下意識地搔刮著：「春仔看你白癡樣看得都渡龜了。」小克的眼神轉向睡眠惺忪的春仔，等候春仔的那一票。

「找舞馬去，」春仔全身的毛孔都復活過來：「不過嘛，口袋三仙兩文，……」春仔從後口袋拎起灰褐色的皮夾，往地下抖了抖，三枚黃銅蔣中正無言地跌落紅色的長絨地毯。

小克仍然在搔刮他那片雪白的頸項，一條條淡粉紅色的瘀痕呼之欲出：「地主嘍，一切看地主。東區是阿呆的地盤。」

春仔黝黑的臉笑開了，俐落抽下耳際橫掛的半支小雪茄，在手指間靈巧地旋轉著：「當然，就看阿呆。」

「拜託，我現在長大了，」阿呆大聲抗議：「不再被你們當簍包了。上次你們爲了陳金蓮差一點沒有血濺當場，我勸也勸不過，現在你們一隻白烏鴉、一隻黑烏鴉，反倒聯合起來，拿我……」

「拿你當天才耍？」春仔接口。

「走罷，我和春仔運動運動，場子外有電動，有興致阿呆可以在賓果繼續打下去。」小克在阿呆的胸口猛捶一拳。

「一百坪的樓中樓，」春仔舉目四顧，檜木壁板上懸掛著席德進的裸女、蘇格蘭銅盾、壁櫃裡林林總總的洋酒瓶：「空蕩蕩的大房子就我們三個，你老爸老媽出國逍遙遊，我們可有責任照顧你。」

「別賣乖，春仔你這張嘴只懂得瞎掰。」阿呆抓起白色夾克，掛上肩膀：「我們不等小七。」

小七壓根沒忘他和阿呆一夥的約定，只是他動彈不得。

當阿呆、小克、春仔自敦化南路一棟廿五層大樓的頂樓踏進電梯的時候，小七正滯留在濱海公路。

「試試看，如果你還二五八萬，我不會客氣。」小七一足落地，穩穩支撐住那部嶄新的V-max。

他的身材碩壯，坐在摩托車的軟墊上還比中等身材的青年高過一截。靜謐蟄伏在小七跨下的V-max穩如泰山，厚重的流線型車殼迴旋著星焱般的瀏亮，和它主人沙啞的聲調一般，隱隱透過一股霸氣。

一盞強悍的路燈將冰冷的光線，連人帶車，將小七的黑影牢牢鎮壓在雪道般潔白的柏油路面。

小七面前，是一個徬徨的女孩。

女孩背後，有三輪機車和三個青年。

逆著光，面向小七的黑影們如同亂岩矗立。

「葛大，我小七說一不二，如果你膽敢再把那隻髒手放在她的肩膀上，我當場給你死。」

小七恨恨地宣告。

仍然沒有人答話。

女孩站立在小七和三個穿著黑色皮夾克的暴走族間。

她不知道該朝向那個方向跨出脚步。露出牛仔短褲毛穗的一雙白腿釘在路面中央。

「龜毛。」尖銳的聲音打破短暫的沉默：「白蓮花妳實在龜毛，他抓狂，妳就連爬都爬不回來。」

葛大伸出舌尖，將唾液塗在乾燥的嘴唇上。他自從上次車禍後，聲帶就只能發出搔刮黑板的古怪腔調，糾結的疤痕自耳際斜穿到喉結。左右兩個男孩，都穿著一式的制服，綠色野戰褲，黑靴，額頭上的紅色藍波帶以及黑夾克上的蜥蜴圖案。

●

電梯門滑溜開啓。

春仔、小克和阿呆步出義大利玉裝潢的樓梯間。

午夜零時。

忠孝東路頂好附近仍然有許多行人閒適地遊蕩。少女們將頭髮染整得五彩繽紛，散漫步行，不時爆出幾句高音的浪語。

白天壅塞的車道，現在流曳著一道道輕快曳流的光軌，沉鬱的建築被霓彩的節奏一棟棟喚醒，鮮活的生命力在整個東區的夜裡蓬蓬發散。所有行動在夜東區的人類，正攜帶著奇異的生存慾望。

婦女和中年紳士們都在他們各自的臥房中臥倒。零時過後，東區年輕起來。

「一股憂鬱的感覺，」春仔鼻腔噴出小雪茄濃郁的氣味：「像阿呆的十八歲。」

「別說我沒警告過你。」阿呆勾著防風夾克，半個暑假蓄下的黑髮，在額際興奮地飄逸。

三人匆匆橫越大道，拐入巷內。

「等你，在雨中，在造虹的雨中，」

春仔將煙頭抛向浮泛青光的夜空：「你來不來都一樣，都一樣。」

「小虎隊的新歌？」阿呆拍春仔的頭，春仔靈活閃避，迴身一脚又踹中阿呆的白長褲。

「他媽的余光中的詩都不知道，」春仔拔腿前奔：「沒氣質的很哪。」留下阿呆懊惱地試圖在潔白的褲面拍下那個黑靴印。

喧鬧的午夜。

從整個都市凝聚出來的光澤，靜靜頂起天空，抹去星子的亮度。人工的光澤抵抗著漆黑的宇宙。

葛大的牙齒在乾裂的上唇撕下一層龜裂的表皮，在齒際咀嚼，麻辣的感覺自滲血的傷口傳出。

白音的徬徨並沒有浮露臉上，十三歲那年起就不曾。但是她很瞭解自己的抉擇有什麼意義。

跟小七或者葛大。

她跟誰都只得叉開雙腿坐上後座。

抉擇的結果帶來不同的苦果。

如果單以床上功夫論，小七無疑和他跨下的那輛進口車一樣衝勁十足，爬升力和耐久力都強，有「加速之王」的氣魄；除了些微男性的狐臭，不，其實小七的體味結合他肌膚特有的質感，白音喜歡。但是目下局勢可並非一對一的對拚，葛大是飆車族裡新竹幫的老大，流寇型的浪子，手下十幾個闖將都來自同一個眷村，在大度路也是一號舉足輕重的人物。

今天跟了小七，日後在飆城也沒混頭了。

無論上葛大的車，還是跨上小七的V-max，白音不但沒有現金可拿，還得賠上不同的代價。

小七架起摩托車，他的手臂粗獷結實，青筋盤結，露出捲起的卡其學生服袖口。正毅高中，735227，李道奇。褪色的紅繡線在黃卡其口袋上緣梭織出小七的學籍號碼和姓名，黝黑的胸膛現在敞開三顆鈕釦的上衣外。

兩個高個兒都往白音衝去，小七才抓住白音的右手腕，葛大也一個箭步搶上前來，一隻大掌搭上女孩的左肩。

刻意留了平頭，使得小七的四方臉顯得更爲強悍，一對鷹眼隨著下顎的抬起而閃爍。兩個高個兒四目相觸，火花迸裂。

小七不放手。

葛大也沒有縮回自己的尊嚴。

白音閉目，站成一具沒有神態的人偶，癡癡夾在中間。

「葛大，你不要小看正毅高中。」

葛大悶哼一聲，尖銳的嗓音揚起：「形勢比人強，任憑你小七三頭六臂也拿我沒皮條。」他五指陷入白音的肩窩，豆大的汗珠自女孩的鬢角湛湛滴垂。

葛大兩個弟兄不待招呼，已經圍了上來，蓄勢待發。

「你們曉得小七在正毅中學有多海嗎？」葛大怪聲怪調地環視他的弟兄：「小七是正毅中學資格最老的帥哥，號稱『大炮』，他媽的一把罩，前後已經留了兩次級，記了十支暗過。」

葛大將目光轉回沉默不發一語的小七，怪腔怪調還是沒有停下來：「七哥手下的弟兄有幾十個，全台北的高中、五專幫派全給他擺平撂倒了，就連中國海專，」葛大頓一頓：「就連中國海專的大車陣都讓他幾分。」

葛大的手掌忽然離開了白蓮花的肩膀：「小七，你今天敢單刀赴會，也算有兩把刷子，是好漢一條，名不虛傳，可以拍斯迪麥廣告，」他啐吐一口濃痰，接著說：「今天也不要讓道上的弟兄說我葛某人倚多勝少。」

「你不必了。」小七使勁將白音扯到身旁，狠勁甩開女孩白嫩的手腕：「你眞的不必了，葛狗子，你們三個一起上，還是玩車輪戰個個上都無傷，我今天搞定你們。」

「至於白音，」小七突然將女孩的白絲衫一把撕開，白音猝不及防，嘶一聲整件上衣給撕脫開來，一對白皙抖動的乳房暴露在四個男孩的瞳孔中。

「我得趕到東區赴約，」小七沙啞的聲音淡然說道：「至於白音，我輸陣你們就輪了她，否則你們風城來的飆鬼就靠邊站。」

白音挺著粉紅色的乳暈，絲毫沒有遮掩的意思，她踹了小七一脚，乳房微顫，大辣辣地將雙手插在腰際，眼光流溢怨毒和不滿。

紋風不動的小七，將掌中破裂的白絲衫扔到葛大的皮靴下。

葛大咧嘴微笑，龜裂的嘴唇出現一道道深豔的血痕。他想起白音坐在後座上的時候，那對飽漲欲裂的乳房就窩住他的背後，雙臂緊緊環扣他的腰。

……那股既不算搔癢，又非……，那股溫熱的奇異觸感，在速度中。

在速度中。

在速度中，女孩，女孩青春一次的乳房，一生一世唯一令人遺精夢迴的青春一次。

那對邁向人性高潮的乳房。

乳房。機車。自己的胸膛，狺狺的引擎。獸一般的意志。

心音。遙遠的黎明。

在速度中，生命和宇宙結合爲一體。

只要過了二十歲就再也不懂得的快感。握住車把就握住黎明前的天地線，狂風獵獵，磨蝕防風鏡片，銀色反光的分道線就是路的脊椎。

用意志來貼合它吧，像背後窩心的乳房。轍痕在消逝以前，正切開青春的斷層，火爆的意識是燃熾的鋼柱，插入夜的冰層。在速度中滑翔，指針超過紅線，一切都寂寂靜止。乳房。機車。自己的胸膛。狂烈的心跳。荒涼的視野。……

葛大心中湧起奇幻的記憶，偏著頭，他的心智回到現場，收斂迷離的笑意：「決定用什麼方法做個了斷。」

小七面無表情：「UP to you」

葛大點點頭：「我們對決。白音和我的弟兄們做見證。」

接著他伸出手臂指出位置：「我們從路的兩旁相向行駛，中間相隔兩百公尺，誰先躲開誰就下跪道歉，擺兩桌酒，拱手不問白音花落誰家，從此前嫌盡棄，恩怨了結。」他彎身揀起白音的襯衫，在皮靴上抹了一抹，立直軀幹：「就用這件襯衫當信號，白音妳來，拋起上衣的時候，我們同時發動引擎。」

小七一言不發，轉身發動V-max，車身向二百公尺外疾駛而去。

●

「小七知道『賓果』，如果他想來就一定找得到我們。」阿呆還記掛小七。

「別鳥他，」春仔端起啤酒大口灌下半杯：「小七不來就拉倒。」

賓果狄斯可舞廳的舞池光影交織、絢爛非凡。

震耳的樂聲淹沒了春仔一行有一搭沒一搭的閒聊。

足球場大小的舞池，七彩的透明壓克力板鋪出科幻世界般的空間，底下的燈光激放萬花筒般的幻象；雷射光在幽闇的大廳四壁掃描出繽紛的圖形，機車、太空母艦、豹、獅、獨角獸、天狗、希特勒，形形色色的光影交疊、轉形，以秒爲單位變易位置和體積。

一切不可能聯想在一起的事物，抽象與具象，被雷射激光的構圖規則連繫在一起。

重金屬樂器強烈的節拍震動著寬大的舞池，以及青春的舞者們，他們的舞姿在明滅的燈光中，像是一幕幕時斷時續的停格，不連貫的肢體和吶喊，一寸寸被光的暴力切碎。一切聲音，一切形體，一切光影，都在分離、剝落，都在節拍的秩序中喪失秩序。抽象與具象，光明與黑闇，青春與死亡，愛與慾，理性與非理性。

從空間的邊緣凝聚又反覆折射的聲波交織成密密的羅網，雷射唱盤中的重金屬合唱團，嘶吼的主唱，銳厲的高音一刀刀斬開電吉他和爵士鼓的音域。

吧台上的女孩們低頭吮舐飲料的杯緣，或搭肩咯咯淫笑，舞池上的男女响响地將汗珠顆顆甩出濕黏的頭髮。每一個人的心靈都在宗教般的狂熱氣氛中流失了一些不知名的事物，也不斷在節奏的震盪間翻湧出莫名的情緒。

小克推開幾個抱怨著的男孩，回到春仔和阿呆的桌子前，他儘量提高聲音：「小霜、小雪說她們馬上過來。我打了第七通。」

「像吊死鬼一樣長舌。」春仔的倒三角臉做出吐舌的動作。

「別發楞，下場熱身去。」小克一把抓起春仔的領口。

●

白音心中翻攪著莫名的快感。

她忽然鬆了一口氣。

赤裸上身的女孩默默走到兩頭咆哮對峙的野獸間，她想跳舞，她想，在KISS、U2或者賓果，她的神思盤旋在遙遠的大東區。

這完全不合邏輯的思維跳躍。

兩輛機車上的男人都在百公尺外，凝縮成火柴棒的高度，現在他們都變成無趣的，三至八歲兒童適齡的玩具。

只等白音的手揮揚起那件汚損殘破的上衣，只等她，一切將在十幾秒內終結。

誰能預知自己的命運？GAME OVER的字樣在電動玩具的螢幕上升起，仍然可以再度投幣。

噹噹滾落機身，一切重新開始。

……不論維持多高的分數，一枚五元銅幣最後換取的只是淡淡一句：GAME OVER。

從發動開始，排氣管爆裂出驚人的噪音，強大的馬力即將把兩個男人像箭一般發射出去。

白音無法預知誰會在十幾秒後得到勝利，或者轉向煞車，留下一生的恥辱。

她雙腿離地彈起嬌小的胴體，奮力抛起軟弱的上衣。

白色的襯衫輕輕飄舞空中，迴旋如波濤間的水母。

飄舞的襯衫，劇烈搖顫的乳房。

夜眞正靜下來，遙遠的濤聲褪入遙遠的海岸之外。

葛大戴上墨鏡。

整條公路雪亮筆直地揷進他的墨鏡中。

小七的手心沾滿黏濕的汗液，引擎的呼嘯震動他的耳膜，一片青煙自雙排氣管中轟轟噴出。

白音。白色的蓮花。白色的公路。

從〇到四〇公尺加速只要九到十秒，V-amx無與倫比的暴發力，就如同昨夜沉沉壓在白音腹部的小七一般……。

一秒。兩秒。三秒。四秒。……

兩個男人向他們的宿命點瘋狂飆駛。

小七眼前的路面飛也似地刺穿瞳孔，狂風獵獵灌進敞開的衣襟。迎面而來的光點迅速擴張成一面罩住視線的光盾。

小七突然想起春仔、小克與阿呆。

葛大的車燈迅速變得淸晰，對手反射金星的墨鏡已經逼近眼前。

一剎那間，時空停頓。

世界停止轉動。

小七一生一世沒有看清楚過什麼，只有這一次，一切的情景橫陳眼前，永誌不忘。豎起的公路，後退的路燈，傾倒的天空，空白的思維，尖叫的白音。

●

GAME OVER。螢幕上升起悲慘的音樂。

阿呆憤然敲打按鈕，一面源源投入硬幣。

春仔和小克正在場子裡盯住幾個騷馬。

阿呆自認舞藝不精，只好窩在舞池外的檯子上，一面解悶，一面觀望小霜、小雪的芳蹤是否翩然蒞臨。

畫面重新開始，美女們一一登場亮相，星座、血型、身高，資料表列而出。阿呆不耐煩地按鈕，麻將牌答答排列出方城。

「媽的，就剩一條內褲沒扒掉。」阿呆的宿敵美雀子又出現在液晶螢幕上方，嘲弄人地眨眼。

阿呆這回決心讓美雀子輸得一乾二淨，但是牌面上卻是一團糟，加上判斷錯誤，打一張紅中就進一張紅中，三兩下又是給美雀子胡了四倍滿。

阿呆一肚子屎尿，正想換枱玩賓果，一抬眼就看小雪孤鳥一隻，滿臉淚痕地在自動門口張望。

阿呆定睛一看，原來只是一個身材很像小雪的女孩。他又將視線轉回麻雀戰局。

●

小克的呼吸仍然有些急促，翠綠色的T恤被汗水染成湖泊的蒼綠，紅暈泛起他蒼白的面頰。

春仔仍然在舞池上擺動他的肢體，靈巧地挪移穿梭在人群中，時而大開大闔、四肢誇張地伸屈。

小克淺酌一口產生苦味的啤酒。

冰桶內祇剩下幾塊縮小的浮冰，停泊在低溫的水面。

舞池周圍的枱面多半空了下來，興奮的衝動傳染病般迅速感染給所有的舞客。

就像黃昏時盤繞著行人頭頂的昆蟲一般，他們在最壅塞的時刻，仍然可以避免互相碰撞。瀰漫在音樂之中，一種昆蟲般的秩序。

即使是喘息逐漸平伏的小克，仍舊參與其中。他的眼睛已經熟悉了這個特殊空間的造形表現。

無池是一個龐大的漩渦，將一切意念依逆時針方向層層捲入無底的海洋。

間隔幾張空下的枱面，小克瞥見一個長髮的紫衫少女。

他舉起酒杯，對準她猶疑的目光。

紫衫少女盈盈一笑，放下手上的煙捲，舉杯回敬遙遠的男孩。

小克走過去。

「不介意我坐下來？」小克指著他身邊的空位。

「沒關係，她們都在舞池裡熱鬧。」

「我叫克思明，」小克自我介紹：「專四，明年畢業。妳可以稱呼我小克。」

「我也在念書。喬芳妮，大家這麼叫我。」喬芳妮垂下眼簾，略帶金黃的頭髮蓬鬆地披掛肩頭。

「妳很美，」小克瞇著眼，隨手把玩桌上的開瓶器：「非常美。」

「錯愛了。」喬芳妮抬動眉毛，穠纖升合度的鼻梁在斑駁閃爍的光影間顯得格外討喜。

小克的視線集中在煙灰缸邊緣的一支薄荷菸。

「這種燈光，」喬芳妮嫣然一笑的時候，恰好一束光環穿越她的面頰：「只要是年輕的女孩都會變成美女。」

「妳不同。」小克大膽地試探。

「大家都一樣，不知怎麼樣打發時間。」喬芳妮呢喃著。

小克拎起那半截菸身，女孩合用的細長線條，他將濾嘴含在唇間，深深吸氣，菸頭再度亮起。

「妳的菸？」

小克拎著濾嘴，遞給喬芳妮。

喬芳妮接過，也深深吸了一口，涼膩的薄荷瀰漫在她縮漲反覆的肺泡間。

「你用左手，我注意到了。」喬芳妮保持一副潔白的牙齒。

「和右腦發達有關。」小克努力辨識著喬芳妮臉上的每一個細節：「嬰兒時期睡覺的姿勢會影響腦部的發育。」

「你的腦袋呢？」喬芳妮喜歡男孩的答案。

小克抓住喬芳妮的右手。

她沒有退縮。

「微微自右向左傾斜，」小克引帶她的手掌摩娑著自己的後腦：「隔著頭髮還是可以感覺到吧。顯然我在不懂事的年紀，一直維持著向左側睡的姿勢。」

「當然，這種說法的前提，是左右腦分別控制身體相反兩側的理論必須成立。」小克仍然沒有放開她的手心：「不過，我用左腦也好，用右腦也好，都無法證明任何觀點。」

「我的大表姊出生的時候，右手比別人多了一根手指。」喬芳妮忽然聯想到關於手的話題。

「她右手那第六根指頭呢？」

「出生就切除了。」

「該留下來泡製標本。」

「奇怪的想法。」

「妳有沒有聽過Rudiger？」小克將女孩的手掌壓在桌面上。她搖搖頭，劉海揚散。

「那是一家德國公司的名字。我老爸公司曾經代理過Rudiger的產品。」

小克的手指在喬芳妮的手背輕輕滑動：「Rudiger的目錄上寫著眞正的人頭、骨骼及組織零件，精緻到各種年齡、各種切割方式，只要客戶說得出來，他們就辦得到。」

「譬如說？」喬芳妮用單手抽出一支煙，啣在唇間。

「譬如說：年紀在三到九個月的帶頭嬰兒全身站立骨架，去脂、防腐而且漂白過。」

喬芳妮的香菸滑落，咯咯笑出聲：「你很有趣，可以讓那家公司拿去做標本。」

小克眨眨眼：「妳慣用那隻手？」

「你摸摸看。」喬芳妮抿著嘴，嚴肅地說。

小克伸出右手，撫摩著女孩圓渾的顱骨，他輕輕使力，女孩無防範地傾倒。

小克的唇順勢依依貼上喬芳妮的面頰。

滑動的面頰迴避著小克沉沉的呼吸。

喬芳妮閉目掙扎。

小克的舌尖探觸到她濕軟的唇瓣。

他的手掌自髮叢下滑，突然牢牢握緊女孩的頸項，她再也逃避不及，仰面對嘴。

舌尖綿綿延展，輕輕涮洗著女孩合攏的齒縫，她仍然沒有張口。

小克臉龐離開她微敞的唇，混融、纏黏的唾液牽連在兩人之間。他輕聲喚道：「芝麻開門。」

喬芳妮笑了，一旦笑了就無法阻攔小克的舌尖侵入她的口腔，攪纏著彼此的唾液。

手掌穿透紫衫，插進胸罩和黏滑的肌膚之際。

「不在這裡，」喬芳妮奮力扭開頭顱，拉住小克的手掌，「舞池邊緣有間小儲藏室，」喬芳妮抹去口角的唾液，推開小克：「就在那扇金色屏風的後面，清晨五點以前沒有人會進去。」

「妳眞熟。」

「我以前在這裡當過服務生，」喬芳妮拍拍小克的膝蓋：「我先過去等你，你繞過舞池從另一頭過來。」

●阿呆換了幾台，被電路板宰了N次。

眼看毫無搞頭，阿呆站起龐碩的腰身，踹了鐵凳一脚。

這回他眞的看到小雪。

「出事了。」

小雪跌跌撞撞，滿臉驚惶地飛奔到阿呆面前。

「小霜……，小霜給綁了，」小雪上氣不接下氣，抓住阿呆的雙臂：「趕……快，趕快救小霜。」

「小雪別急，先喘口氣。」阿呆讓小雪的頭顱倚在自己的懷裡：「深呼吸，對，深呼吸。」

小雪和她雙胞胎妹妹小霜幾乎是同一模子裡鑄出來的洋娃娃，俏麗的短髮，飽滿的前額，右頰的酒窩，身高體重無不是難分軒輊，除了小雪眉心間那顆鮮紅的痣。

小雪喘了幾口氣，恢復過來：「我們剛到前面的巷口下計程車，小霜突然被三管痞子拉住，他們說要我和小霜還債，抓住小霜，我嚇得回身就逃命。」

「小霜被綁到那裡去了？」阿呆心焦如焚。

小雪鐵青的臉蛋稍微恢復了人色。

「他們把小霜拖進巷子裡的賓館了，我沒命跑來，不知道來不來得及？」

「為什麼？」阿呆搖撼了小雪柔弱的肩膀。

小雪停頓了四、五秒，嘆口氣：「我們剋藥。那幾個王八蛋都是藥兄藥弟，前幾次我和小霜和他們調貨，欠了一點錢。」

「細節再談，妳在這兒等我，我去找春仔和小克。」阿呆匆匆奔向舞池。

●

白音淒厲的叫聲迴盪在空曠的路面上。

包括葛大貼身的兩個大漢，在場三人誰都不能判斷——究竟是葛大還是小七先將車身轉開。

事實上，他們在相撞的前一剎那都湧起轉開車把的念頭，但是誰都不想當場被滷了。

葛大和小七，他們誰都沒有讓步，同時翻倒在公路一旁。

葛大俯臥在地，鮮血從額角汩汩湧出，溶滲在柏油路旁的泥土上，一灘不斷擴大的黑色漬跡。他的手指頭依舊不自主地抽搐。

小七吃力地翻身站起，整條右上臂的皮膚一片血肉模糊，他咬緊牙關，若無其事地拍打著卡其制服上的塵土。他挪動滯礙的脚步，走近臥倒的葛大身邊，忍住體腔內翻覆的疼痛，用皮靴翻開葛大俯臥的軀體。一具洩了氣的屍首。

一具洩了氣的屍首。橫陳在兩輛殘破的機車附近。

幾分鐘前生猛的黑瞳已經翻陷眼窩，只剩下兩塊死灰的眼白亮出眼瞼的裂縫。

一個兄弟拾起葛大破裂變形的墨鏡，跪在地上爲他的大哥戴回去。扭攪的鏡架斜斜地擱置在耳際。

小七拿起白音的襯衫包裹在自己的手臂上，他望向另一個木然站立的男孩：「你的皮夾克擋給我好不好？」小七的聲音更加沙啞，回首看白音：「和他借件夾克。」

「誰都沒有贏，機車和女人都是男人最危險的遊戲。」小七壓抑一股嘔吐的衝動；他拍拍跪在葛大身旁的年輕騎士肩頭：「我的落點幸運，撿回半條命，葛大原本有機會站起來，如果沒有路旁那塊石頭。」

「公了私了，現在都不能搞定，」菱角臉的青年仰視小七塔一般的軀體：「葛大前兩天還跟我們說小七哥是一個人物。他很傻，爲一個簍馬。你也一樣。」

「我們誰也不傻。」小七沉沉地說：「我會懷念葛大，他的勇氣會活在我們的生命中。」

「不是你的，」菱角臉批駁臉色黛青的小七：「是我們新竹幫的。」他倏然站起，掏出一支鑰匙。

「李道奇，你可以帶你的簍馬騎我的車滾蛋，新竹眷村的外客講究信用，但是你不要忘記，我們會再找你清算到底。」

菱角臉用怨毒的眼神狠狠瞠視小七。

●

小儲藏室裡漆黑一片。

舞池的喧囂被一道門摒擋在外。

男孩的背脊貼著門板。他聆聽，判斷喬芳妮隱匿的位置。一團柔軟的紡織品擲中小克的臉龐。

小克扯下掛在臉上的不明飛行物體，他的觸覺經驗辨識出那是一條合成纖維的褲襪，半透明的、細密的針織在指間傳導出夢幻一般的慾念。

喬芳妮的呼吸靠近小克的胸膛。

「這是一間很小的房間。」小克將手中的褲襪套上喬芳妮的額頭。

「你愛我這樣的女孩？」喬芳妮的尖舌彈動小克冰冷的耳垂：「會嗎？」

小克沒有回答，他將緊繃的窄裙翻上她的腰際，靜電嗶嗶剝剝地迸裂。光滑的曲線，十指撫摸著原始而赤裸的臀部，直到小克尋找到那溫暖的凹陷。

「濕了。」小克在喬芳妮的耳際低語，將指頭上的體液塗抹上她的脊梁。

「你一定不相信我喜歡你。太快了，連我自己也找不到理由。」喬芳妮吸吮著小克的頸項，「我根本沒有理由，像是一個賤貨。」

「沒有差別，」小克左手的食指插進喬芳妮的乳溝，陰涼的汗液滑膩膩地裹住指甲：「我可以感覺。」

「眞的，」喬芳妮在男孩潔白的頸項上用力吸吮：「你感覺到什麼？」

「會有一圈圈的瘀痕，」小克喃喃念著：「妳在我的脖子留下印子。」

喬芳妮刻意咬他一口：

「我看不到。雖然看不到，可我還是要在你身上留下些記號。」

「很黑很黑，我看不到妳。」小克胯間鼓脹的杏子壓在女孩柔軟的小腹上，奇妙的溫度，隔著幾層布料仍然可以淸晰地被女性的敏感知覺著。

「看到了又怎樣，不同的女人在黑闇中有什麼不一樣？」喬芳妮呼吸著他的男孩。

「完全不一樣。女人只有在黑闇中才能眞正被分辨出來，」小克的聲音更加幽晦：「髮的質感，肌膚的質感，觸覺是無比的靈敏，嗅覺也是。」

小克繼續呶呶述說：「每一吋的皮膚都有不同的氣味，原始的，讓人深深陶醉的各種氣味。」

「你不一樣。」

「沒有差別，」小克解開喬芳妮的皮釦：「我和妳其他的男孩沒有差別，只想解開妳的皮裙。」

「我的身體，」喬芳妮赤裸的下半身散發出青春的波濤：「你喜歡嗎？」

「妳是精品，讓我想到一些美麗的廣告詞。」

「就像是蕾蒙威手錶的廣告，」喬芳妮在黑闇中快樂地點頭：「傲視錶壇，款款生姿。」

「妳非常幽默。」

「可我根本不認識你。」

「妳認識，剛剛我們在舞池邊就認識了。」

「我在東區任何一家場子，可以認識任何十九二十歲的美少年。」

「但是妳認識我。」

「我不過是一具彈子枱。」

「那我是桿子。」

「你可以靠嘴巴討飯，還是一個詩人。」

「我很浪漫，所以我不是詩人。」小克掂捻著女孩乳房中心的蓓蕾。

「沒有一個男孩像你這樣。」

「在做愛的時候瞎掰？」

懸浮的綠洲在沒有一絲光線的空間中騰升。
昂揚的喜悅寄生在喬芳妮緊緊收縮的兩股間。
綠洲，活水源源。
生命的困惑與抉擇。
幻想的純金翅翼啪啪搏動，振響大氣。
赤色的烈焰。
小克的舌尖幻化赤色的烈焰。
熾烈燒灼著喬芳妮臍下的綠洲。
男人的鼻梁深刻貼入喬芳妮顫抖的札口。
小克的舌尖移上肚臍，味蕾上布滿蠶蛹般腥澀的滋味與觸感。
「舔我。」小克要求回報。
喬芳妮搖搖頭：「直接進來。」
她的脊背抵住黑沉沉的牆壁，雙腿騰空，依依盤纏在小克強韌的腰際。
嘶嘶拉開，男孩的拉鍊。進入她，進入她的體內。
音樂的起源，小克頓悟。
他深深進入喬芳妮的體內。

迴盪體內的激素促使小克抽挿的節奏不自主地加速。節節進逼的快板。肌膚摩擦的聲響傳響喪失視覺的空間。

男孩的呼吸波波吹拂著喬芳妮聳起的眉毛。

被女體激動成弓型的軀幹，已經無法負荷更緊湊的節奏。小克落地生根的一對小腿，肌肉纖維繃拉得幾乎斷裂。

浪聲自喬芳妮忍不住的齒縫流溢出來，她的呻吟像電動彈子枱上咻咻打亮燈火的彈珠，在小克的意識中流竄。

黑色的四壁綿綿軟化，巨大的泡沫喤喤爆出壁面，融化柏油的高溫包圍著他們。

●

大東區，凌晨兩點十五分。

棋盤般的巷道鑲嵌無數的燈火。

一種奧妙的秩序感，漲潮般在此刻激烈推向最高點。

整個宇宙正淪陷到這張無底的棋盤中，每一條炯炯的街道都在地圖上悚慄地伸展，吞噬了隱埋在黑闇中的一切地點，所有的歷史和空間，都被看板和室內設計的圖案黑洞般洪洪吸入。

太空母艦的浮雕，報廢的日產中置引擎跑車，蘇格蘭風的銅盾以及其他抽象的符徵，被建築進一排排無辜矗立著的建築。

地球被吊進每一座舞池的上空。那嵌滿燈泡和反光金屬的金屬球，不止息地自轉，迴旋的燈光明暗交錯，將生命和空間不斷切割，讓思維和肉身剝離。

被詛咒的年輕人，天亮前，他們再也走不出大東區的迷宮，他們變成一群群徘徊走動的熱帶植物，用各種燈火進行光合作用，用啤酒和七彩的飲料鋁罐澆灑在胸膛前，飼餵他們靈魂核心不斷抽芽增長的枝條。自永和保安街毒窟批發來的膠囊和針劑，在一間間潛伏於大廈腹裡的廁所內，進入溫暖的食道或者腫脹的靜脈。

極靜，又極喧嘩的矛盾時空。

一排排蝗蟲般的機車。一排排甲蟲般的汽車。一排排路燈睜開獨立的瞳孔。一條條從資本主義錫管裡擠出來的道路。

阿呆拉著小雪，春仔跟在後頭發足狂奔。

從舞廳樓下的大廳衝出，只轉了兩道彎，小雪就指著弄子裡的一塊看板，喘息未定地喊道：「就是那家，嘉碧屋。」

嘉碧屋。隸書體大紅字樣的壓克力巨幅招牌，透亮地懸掛在一棟十六層白色二丁掛樓房的腰眼。

阿呆返頭：「缺了小七，小克人踪全失，我們兩個能不能搞定？」

春仔憤憤啐吐口水：「偏偏在這個節骨眼上，不知道小克到那裡去搞飛機了？」

「三管痞子，也許是四管，」小雪哽咽起來：「小霜一定被端了。」

「那幾個架摸小霜的痞子一定帶了貨，我們手無寸鐵。」阿呆遲疑地說：「還是找條子？」

「不行哪，」小雪哭出來：「一報警，我和小霜剋藥的事也全得抖出來了。」

「嗯，」春仔豪勇地笑道：「大不了，明天《聯合晚報》刊一則什麼『某大學電機系二年級學生張榮春橫屍東區嘉碧屋』之流的嗝屁消息。」

春仔捶阿呆一拳：「你爭先恐後衝到這裡，不看小雪她姊倆，也得看在她教官老爸心臟病的份上。」

「媽的我們過門去，搏他一搏。」阿呆心一橫。

●

電梯門在十五樓開啓。

一式綠色裝潢，兩棵鐵樹擱在櫃枱的大理石面。

一個四十出頭的慵懶婦人抬起油膩的雙下巴，大餅臉上坑坑疤疤的痘子。她努力睜開腫脹的眼皮。

「休息啊?五百塊。」

阿呆正想開口，被春仔猛推一把。

「阮要找人，頭家娘。」春仔歪著頭說台語，用指節扣響櫃枱上的小費箱：「好幾個兄弟才帶一個細齒來開房間。」

春仔拎起小雪的下巴：「好面孔的細齒，和她生做一款，生做有偌美。」

「夭壽喔，」頭家娘眯成兩道縫的眼睛總算瞪成銅鈴般大小：「何阮沒賺吃，一夥七八個攏總擠做一間，一兼兩顧，摸蜊仔兼洗褲，實在堅干。」

春仔望阿呆一眼，大個兒從皮夾中掏出一張伍佰圓。

頭家娘就著燈光看清鈔票上的水印，抬頭說：

「二六空七，彎角第一間。」

●

小七載著白音在公路上急馳，他強忍一股想要嘔吐的感覺。

「放我下來。」白音在小七耳際大喊，她的聲音被狂風襲捲，跌碎在排氣管狂野噴放的煙霧間。

「幹嘛？」小七側首詢問。

「放。我。下。來。」白音皺眉再次嘶吼。

儀表盤的指針自紅線邊緣急速下降，車身緩慢滑行。

重咳了一陣子，鬆開油門，小七瞥見腕錶的液晶數字。

兩點二十一分。

「春仔他們應該在『賓果』等我。」小七道。

「天沒亮都不算遲到。」

「想看海。」女孩繼續說：

「海以及螃蟹。」

濤聲並不遙遠，機車熄火以後，轟轟的潮音顯現出來。他們必須穿越路肩，跨越一小段亂岩區域。

公路亮成一條蜿蜒的白繩。

潮間帶，出沒著機動敏捷的蟹類。

它們在陰濕的黑夜裡篩選沙泥中的有機物。

太陽、月球和地球今夜幾乎站在一條線上。朔日的夜間高潮，高地的蟹類一一攀爬在岩縫和濕軟的砂礫間。

踩在腳底，碎裂的蟹殼格格作響。

白音穿著從新竹幫徒衆身上扒下的皮夾克。

大她好幾號的夾克，袖口遮蓋住她的手掌。

小七坐在一塊岩石上，手臂上的傷口一直劇烈跳動，又漲又悶的痛楚，包紮傷口的白襯衫全被血汙染成赤褐色；受傷的手臂離開車把，一鬆懈下來所有的神經都甦醒喊痛。他用右手食指按按傷口，一陣更加嚴重的刺痛便傳導到他的脊髓。

忍住嘔吐的感覺，小七費神注視白音，滑稽的背影在反射銀輝的砂灘上捕捉他看不見的甲殼生物。

海，神祕地向陸地爬升。

那是人類最初的樂譜。

悸動的駭浪，碎散又聚合的無數稜線，在漆黑的海面塗畫出擾亂視覺的飄零筆觸。

血絲自小七的嘴角滴掛。

他沒想到自己傷得如此重，比手臂更劇烈的絞痛在胸腹間如鯊群迴游。

會死嗎？

白音像音符般踩在海的節奏裡。

海，完整的演奏，閃耀，無與倫比的生命序曲。

小七默默冥思，如果今夜就要面對死，他該步向大海，還是回到機車的座位上？

他突然清醒知覺，無論是海或者公路，都不再可能到達，他只能看見它們。

在壘壘的亂岩間，小七的方塊臉仰起，癡傻地面對烏雲茫茫的積層，嘴角垂掛的血絲斷續滴落在坎坷的岩面。

他想到春仔一夥，他們四個在空軍眷村一起長大的朋友。

正毅高中的大車隊正穿越天穹，小七看見自己領頭騎跨四百CC的重機車，被月光曬得銀白的方臉洋溢著豪邁的氣慨。

他張口欲喊，卻發不出任何聲音。

眼睜睜地，他看見自己的軍隊穿越那皀黑的宇宙，幾十支排氣管的濃煙在整個視野中旋惑。

●

喬芳妮的十指抓裂小克堅韌的背。

「老手……，小克你是……老手。」喬芳妮無法抑制自己的官能，她放任自己爽成一沱軟泥，淫淫發出喉音。

小克全身濕透，如同跌落無邊無際的海洋中，又自深水嘩然拔升到半空。

放精。他調節著逐漸舒緩的呼吸。

喬芳妮放下雙足，濬濬的脊背貼著牆面往下滑落，直到她一片鹹濕的臀部觸碰到冰涼的地磚。

小克雙手抵住牆壁，垂首微喘，女孩的乳房依偎在他抽筋的腿肚上。

「你，……」喬芳妮上氣不接下氣地說：「你，你讓我回到，……回到處女的時代。」

男孩忍住小腿肚的痙攣，徐徐蹲下身軀。

「我想妳可以留下電話，」小克乾脆坐了下地，心一橫把腳打直，硬是撐開拗曲的肌束，痛得他眼淚盈眶：「我們有很多話題。」

喬芳妮看不到小克變形的臉龐，一面摸黑在地上搜尋她的行頭，一面柔聲回答：「爲什麼？我不當情婦。」

「那我給妳電話。」

喬芳妮沒答腔，她在自己的窄裙口袋摸索出一團紙包。嗶剝嗶剝打開那處方用的紙片，她拿起一顆膠囊，乾吞下去，又拎了一顆塞在小克的齒縫。

「什麼玩藝？」男孩口齒不清地啣住膠囊發問。

「吞下去，是上等貨。」喬芳妮神祕地說：「我們一起到電話線裡頭，像電波一樣，進去一個非常幻美的城市。」

「一個非常……幻美的城市……」小克喃喃念誦。

「天空上出現巨大的河流，」喬芳妮的聲音充滿了表情：

「飛機的碎片和死亡的飛行員飄浮在上頭。」

●

春仔示意阿呆站立的位置。大個兒側身站好，春仔他自己吸了一口氣，輕叩一六〇七室的木門：「服務生！」

室內傳來粗暴的吆喝聲：「幹你娘做啥蛸，冇你代誌。」

春仔擎舉櫃台旁順手拎走的黑雨傘，不銹鋼傘尖閃閃發光，已經準備好突擊的動作。

阿呆輕聲耳語：「他媽的屄，是台客。」

春仔眼珠一轉，高聲喊：「招待點心。」

幾聲雜響。

喇叭鎖轉動。

癡立一旁的小雪緊緊摀住自己的嘴巴。

春仔向阿呆使了一個眼色。

房門打開一道縫，室內燈光陰暗，一顆頭顱探出。

「操！」春仔狂喝同時，傘尖已經戳中那顆頭顱。

鮮血迸濺，男人摔面倒退，摔在地毯上翻滾。

阿呆一腿將整扇門踹開，和春仔一起衝進套房。

他們同時楞了一下。

巨大的壁鏡前，雙人床上兩個精赤的男人也被不速之客震懾住了。

滿臉鬍髭的小個頭背上刺著一條盤舞的大青龍，跪坐小霜的胯前，兩隻手掌牢牢抓住女孩的足踝，將她修長的雙腿大大撐開成V字型，正在她抬高角度的骨盆上抽動的腰桿停止了動作。

另一個馬臉壯漢將雙膝壓住小霜的肩膀，一隻手握住自己的杏子，一隻手撥弄小霜微微聳起弧度的胸膛。

幾支塑膠注射筒醒目地棄置在棗色地毯上。

被馬臉身影籠罩的那張臉蛋，眼神楞滯，鬆懈成O型的口型沾滿白沫，嶄新的針孔星布在她被緊緊壓陷床單內的手臂。

阿呆的怒吼打破短暫的僵持，巨大的身軀飛撲向鬍鬚男人，兩人纏抱，鏗鏗撞裂壁鏡！

春仔奔向馬臉，他的腿被地上掙扎的男人抱住，春仔反握傘柄，只顧向下猛戳。

淒厲的哀嚎，傘尖噗嗞穿透台客的眼皮，水晶體混雜血漿噴灑在春仔的褲管上。

馬臉已經抽出放在茶几上的尺八，砍向春仔。

春仔架出雨傘擋住當頭劈下的利刃，虎口被震得痠麻，雨傘也在猛擊下拗曲爲U字型。

阿呆抓住鬍鬚臉的頭髮，用他的頭顱在壁鏡上敲擊出三處蛛網般的裂痕。拋下昏迷的小個兒，他跨過小霜的裸體，一躍而下，自背後攔腰抱住狂舞尺八的馬臉。

●

白音格格嚼著生鮮的蟹腳，甘甜的腥味在口腔滑繞。她靜默步向癱倒在岩石堆中的小七。

她蹲下來，遞上一隻裂開的蟹鉗。

小七沒有動靜，血汚的卡其服也沒有隨著呼吸起伏。

蟹鉗自白音的指尖滑落，發出卑微的撞響。

她捧起小七圓睜雙目的頭顱，她寂寞的瞳孔晃漾著渦旋的雲影。

「你還記得U2嗎？」白音喃喃自語。

「我們第一次相遇，」她哽咽著：「我們從東區飆車到小油坑，躺在礦孔邊數星星。」

「從來沒有喜歡誰，」白音的淚珠在小七逐漸枯涸的瞳孔間：「包括你，我從來沒有眞正喜歡過你。」

海在變異。

更多的鬥爭，在黑闇的深海中進行。那些迴繞的魚群，爲生存而詩意地攻擊著自己以外的生物。

悲傷的意志與深刻的失望在一連串上升音符中拔高，又在巔峰一齊碎裂，重重擊下浪濤削落的低谷。

潮間帶中成千上萬的螃蟹不停地穿洞、沙沙遊竄，讓圓渾的砂粒打磨它們的裝甲。海永遠不放棄它的化粧術。

數以億計的水螅根植在海底，柔順地張闔它們金黃色的觸角，自它們基部的特殊細胞分泌出的硬殼一層層堆積在死去的水螅骨骸上，用千萬年的光陰鑄造出一具具璀璨的珊瑚。

白音漸漸聽出關於海洋的豐富樂章，一切有機物與無機物爭奪空間和歷史的遊戲。神奇的砂，神奇的海，神奇的生物命運。

小七的手掌沒有殘餘絲毫餘溫。

一雙握住車把就握住世界的手掌。

黎明前，白音有太多話想告訴愈來愈僵冷的小七。

然而她再也無法說出一個字，連一個子音也無法自聲帶擠迸出來。她只好握住他的手掌。

白音左乳下緣的一道疤痕，橫過心室的位置。小七曾經用一把鋒利的眉剪，在癒合的傷口上，一剪一剪地挑斷縫線，再將一截一截黏附的斷線抽離出她的肌膚。

她開始記憶起那奇特的抽痛，一截截銳利的抽痛。

小七率領的大車隊還在穹空徘徊逡巡，畫出一道道沙塵捲揚的轍痕。

飛馳的重機車上，他粗獷的手勢堅定指向太陽即將昇起的方位。

●

馬臉掙脫不開背後阿呆的熊抱，他用刀鍔猛擊阿呆的肋骨，大個兒鬆開雙臂，弓屈身體跌坐在彈簧床沿。

春仔將拗折的雨傘拋向馬臉，匡噹一聲給馬臉的尺八掃落。

馬臉狂亂揮舞尺八，肩膀上刺刻的紅牡丹隨著肌肉的彈跳挪移，艷麗鮮活地擺動花瓣。唰一聲，春仔踢出的腿給劃了一道殷紅的血溝，春仔咬牙在地毯上滾了一圈，啐出一口濃痰，避開繼往開來的另一道刀光，抓起熱水瓶狠狠擲向馬臉。

馬臉俯身閃躲，水瓶在一幅風景畫上炸開。

阿呆再度趁勢抱住馬臉的腰，橫跨幾步，猛然將他掄向金黃色的窗簾。

轟然巨響，馬臉席捲窗簾布的軀體，隨著四散碎裂的玻璃粉屑，穿透關閉的落地門，沉沉摔落在陽台的磨石地上。

「沒有囥過藥？」喬芳妮迷離的聲音像一隊螞蟻零散地爬入小克的耳室。

「很少，」小克覺得自己的聲音飄浮在一層綠光之上，每一個字的筆劃都顯現出阿米巴般蠕動的觸角。

「漸漸地，我將會看見人頭大小的花朵，」喬芳妮格格浪笑。

「你會看見花朵，花心的部分是一張張人類的，的臉。」喬芳妮翻覆到小克的身上。

「我感覺不到妳的體重。」小克握住她纖巧的腰。

「花朵兒都飛翔起來，你的，我的臉，」喬芳妮騎坐在小克的腹部：「旋轉，旋轉。」

「我沒有看見，」小克不能控制自己的音域，他不曉得喬芳妮聽不聽得見，他需要一副鐵捲尺，丈量他們兩人之間的距離。

小克的意識中浮現一截斷肢。一截剛被斬落的斷肢！

脫離人體的手掌，十指反射地顫動。

黑闇中的斷肢，無主地伸屈。

小克的大腦在三年前的一個夜晚儲存下這截斷肢的印象。那一夜他爲了陳金蓮，和春仔約鬥在龍泉街午夜僻靜的市場裡。

但是他們卻在爭鬥前夕目睹了另一樁血案，一個遭受追殺的男人，當場在充滿腥氣和霉腐味的市場裡被斬斷一臂。

小克永遠不能忘記那個夜晚！

喬芳妮蛇一般盤繞在小克一吋吋飄浮到空中的軀體，小克沒有阻止自己上升，因爲漆黑的天花板突然顯現出無窮深邃的宇宙。

小克喃喃向喬芳妮圓渾而布滿鱗片的蛇身說：

「我也看，見，看見了。」

他看見自己的骨骼，包裹著一切搏動的臟器，緩緩穿出自己的皮囊，五顏六色的內臟，他看見它們隨著桃紅的骨架航向無垠的銀河。

●

白音遺留在砂灘上的足跡，終止於小七仰臥的身側，海水節節向陸地挺進，一個接著一個，抹除白音的腳印。

她已經跋涉到公路上，發動車身。

她留下小七，她不得不留下小七。

因爲小七，從來沒有那麼淒美過。

機車加速，沿途的光線嗖嗖凝聚進白音灼燦的瞳孔。
她在速度中透明自己。
一生的記憶隨風消散。
她在懸崖的彎道前擦掠豎立路旁那面龐大的折射鏡，衝出石垛。
一聲淒厲的尖嘯終於突穿了潮音。

●

春仔拐著腿，搭住小雪圓渾的美人肩，他側頭又啐了一口濃痰在嘉碧屋樓下的路面；阿呆雙手捧抱著沉醉在幻境中的小霜。
一陣涼風拂過，小霜的眼睛睜開，嬰兒般的無邪，癡望著阿呆憨厚的下巴，嘟嚷了幾個無法辨識的母音，又沉沉昏睡過去。
他們渺小的身影，沉默地步行在一具具巨大的墓碑間。
整座奇妙的東區迷宮，凌晨過後便拔出都市的表面；不到天明，它的意志絕不會悄悄潛藏進幽冥的地底。

噴罐男孩

我相信自己與衆不同，一直如此。但春仔也不眞正懂我。
只有摘除面具，人類的臉龐才能感覺到大氣的存在，以及眼淚的溫度。

愛特力噴漆
採用整套日本原裝
可調式噴頭及高級
噴漆。
品質保證故障包換
敬請指名使用◉

而心，人們的心都是傾斜的，即刻就能湧現出詭怪的變化。摘除面具，臉龐才能感覺痛楚。

凌晨三時差一分。

播了第七通電話給喬芳妮，仍然是答錄機，我決定放棄她；至少在明天的黃昏以前，要想消去錄音一般把喬芳妮從我的腦海中清除乾淨。

我的思維像瀏亮的電子廻路般清醒而敏捷，中間穿揷著高見沢俊彦的歌詞：「仮面をはずした，素顔のしプリカント，せつない涙を，初めて感じた……」分離式耳機嵌揷進耳孔中，幻覺般蜷捲綿密的聲波。

牆腳的揷座將電流輸入整流器，被調整的電流經過整流器經過纏錯的電線經過錄音機的電源揷座，觸動電路，機組以等速旋動磁帶的輪盤，黑色的錄音帶躲在黑色的機體中磨擦著磁頭，那些鐫上磁帶的聲音再通過耳機進入我的聽覺。有時候我也相信了自己的存在是做爲這種聲音幻覺的配件而存在著；雖然大多數的情況下我相信自己與衆不同。

黑色的錄音帶，嚴格地說是深褐色的，如同在半杯咖啡加上小半匙奶精攪和而成的深褐色。但是我總感覺到一切錄音帶都是黑色的；深夜裡，十一層樓高的臨巷小臥房。切斷斗室的電燈開關，在一片漆黑中就著窗口微弱的月色以及柏油路面反射而蒸散向上的路面光源；我扯下耳機，將它丟擲在桌腳，一元銅幣大小的兩個耳塞清脆地敲擊地面的羅馬磁磚。

按下STOP鍵，黑闇中我聽聞錄音機油壓閘口緩緩張開。抽出那卷錄音帶，我拉開森沉沉的鏡銅面鋁窗，倚身在束攏的窗簾旁，粉紅色窗簾布上星掛著的大大小小的徽章，正以不同質料的溫度和稜角刺激我的臂膀。

是的，就著窗外的微弱光源，我無意識地讓右手小指一吋長的指甲在卡匣的間隙挑出那條記錄音樂的磁帶，我的手背露出青色的筋脈，在眼前微弱彈動。

越過一條條盤繞的巷道，高矮起伏如浪的建築，辛亥路像燎朗的大河，周期規律閃動的路燈與不期然流竄而過的車燈交織出水沫與波紋的幻視。更遠處，滃鬱的城市之光處身於核彈爆炸而覃雲未升的蓄勢狀態，對抗著來自海洋與內陸蠻荒深部那些群集而至的洶洶黑闇。黑色的磁帶的存在，似乎較十一層樓上能見度所及的景觀更來得眞實。

眞實。當那條磁帶被指甲長長挑起，柔韌而犀薄如刄的身姿在逐漸拉高的手腕和半懸在空中繼而打著轉、加速度向窗枱外墜落的卡匣間不斷順順逆逆地盤繞、螺旋。那磁帶中的音樂，那音樂不再經由聽覺，而經由那墜落的畫面而被我所目睹。

卡匣在大樓的腰際停頓下墜。

鐘擺般，只須我輕微地晃動手腕，那卡匣鐘擺般一盪一盪地劃開遞增的弧度。

但是，它和我一樣，甩不掉那慘白的月色。

注意：
此漆應收藏於低溫處（40°C以下）
避免刺破或焚燒罐子
在空氣流通的地方噴漆遠離火源
靠近物應加以保護
以免沾污被噴物的表面
一定要沒有灰塵及油脂等等

卡匣在半空中迴盪。

那黑色的磁帶幻生出無數觸鬚，向不同的方位延伸，不止息地延伸，流竄進那些迷宮般的巷道中。觸鬚們歌唱著同一首歌，卻採取了不同的音高與節奏，嘩嘩然湧向遠方東區膨脹的光氛。它們緊緊捆紮著都市。

黑色磁帶終於被弦月的鐮刀彎兒勾斷了，所有的觸角驚呼，瞬間遁入那急速翻轉下墜的卡匣。……

拉上窗簾，仍然聽到十一層樓下清脆的撞擊聲。

流動的狗吠。

跳躍的貓的軀幹所飛散出來的毫毛，正在許多陰暗的角落擦過氣流。

以及，蟑螂在壁櫃黑闇的角落嗦嗦移行的節拍。

窗簾上綴滿許多徽章，每一枚章都和一九八六年的哈雷彗星有關。爲什麼我當年會如此熱衷於哈雷彗星，事實上是一樁謎。幾年後，我仍然留下這些徽章，在換洗窗簾後，總會把它們一一掛回布面。

月亮象徵不安。

反覆盈虧，引動潮汐。我的腦海中爬出一隻溼漉漉的螃蟹，它的慾望脫離了我的，自臂膀緩緩爬下，搖搖擺擺地跳上身側的書桌，在木紋間滴下一滴滴飽滿的水珠。

窗簾後面還有些什麼呢？春仔和阿呆那夥人恐怕還在舞場鬼混。隔壁街角上那家統一超級商店裡依舊是燈火通明，我輕輕掀開窗簾俯視，那幅《7-ELEVEN》的壓克力招牌亮晃晃掛在下頭，店面前的騎樓幾個茶杯大小的青年靠在摩托車旁吃著可笑的魔鬼冰。我抽回手掌，窗簾又闔攏起來。我想到那個大眼睛、說話腔調像僑生的女店員。

三點零三分。這時候她一定還竚立在櫃台前，環視著明淨的空間；午夜時分，書報架的前面還布滿著白看書報的夜貓族，有的將大開本周刊雜誌平攤在銀行自動櫃員機上，有的蜷屈在貨架下方聳著肩一頁頁翻著小說。她將小酒渦積蓄在薄泛薔薇色澤的左頰間，在收銀機的數字盤上嘟嘟嘟嘟鍵入數字，一長條一長條的統一發票迅速達・達・達・達列印。四・三公分寬、十八・九公分長的統一發票輕脆地被撕裂下來，她會將那張羅列明細帳的白紙條和放進塑膠袋裡的貨品輕輕推到你的面前，柔聲道：

「**臨迎光臨**。」

是的，歡迎光臨。不管自那種場散場回來的夜行人，穿著各種服飾，或單或雙亦或結夥闖入，數不清的靴痕沒有一個能夠在這深夜最明淨的地方留下什麼線索。她仍然和那些忙裡忙外的店員們一般充滿職業性的機警，溫柔地偵測著那些預備順手牽羊的少年，並且善體人意從不發出任何警告，一直等到光潔無垢的玻璃自動門的鈴聲「登」一聲向左右滑開，夾克裡窩藏著什麼的少年正要跨出店面，她會以嬌嫩的聲調說：

「先生，您忘了付帳。」

那某個少年將毫無例外地猛然回頭。

他無法正視女孩帶刺的目光，以不自然的姿勢避開，卻發現所有行動中的店員都將眼神投射在自己身上；他疑懼而茫然的視線最後瞥見懸掛在牆壁和天花板之間的凸鏡上，整座商店壓縮在那面盈亮的鏡面上，而自己渺小而孤獨的身影恰好被套牢在一道變形的黑色通道間。

是的，您忘了付帳。……

這是我親眼目睹的事件。那些訓練有素的店員被包裝成另一種可靠的商品，他們時時刻刻輪班掃地拖地，懂得用噴霧式清潔劑修理不知名與知名的飛行昆蟲。

那些昆蟲並不適合在這樣明淨的玻璃屋裡廻旋、游蕩，它們的未來和那些有牽羊癖的少年們一樣，甚至更糟。

收銀機正後方的酒渦女郎，和所有的員工穿著一模一樣的綠領制服，制服上用《7-eleven》的紅綠字樣規律地組成橫條波浪狀的印花。在那無趣的空檔間，她也會右手拎起噴霧式清潔劑，食指按在噴頭頂端，左手則點燃塑膠打火機，直到噴頭的方向、火苗和昆蟲的軌跡三者目測爲一直綫時，即刻按下噴口。轟一聲，火苗和清潔劑爆裂爲瞬間的殘像，燒焦的蟲體也垂直墜落。

我從來沒有和她正式交談過，除了最簡單的交易語言，而那些語言不是眞正的語言，只能等同於在卡式公共電話插進《100次公用電話通話卡》的一次動作，公共電話上的液晶顯示器在插入的同時將指出你這張卡片的殘餘金額。

當我將滿懷的小件貨品鋪滿在她面前時，她在鍵盤上嘟嘟操作著公共電話同樣的內容，突出收銀機面向顧客的液晶顯示器不斷列出單價。

「先生，總共二百七十二塊錢。」她的僑生口音。

如果我想再聽聽那凍僵成冰片的顫音，便會掏出一張千元鈔票。

「先生，」她神經質的大瞳睛友善地投擲在我的臉龐，「您有零錢嗎？」

或者，她仍不作聲，我會試著發問：

「也許我還有零錢，也許我可以收回那張鈔票。」

也許。我冥想著那飽滿的胸部。

但是有什麼差別呢？漂亮的制服下和其他的店員一般混雜著汗漬，也許還有淡淡的狐臭黏附在腋毛濃密蜷曲的闇處；她就那麼自然而然地種植在那間玻璃屋裡，我唯一能夠做到的只是裝著不經意，輕觸她找錢的指頭。非常冰涼的指頭。夏天因爲冷氣，冬天因爲天氣。

她的確是一株植物，而且是出租的盆栽；誰也不會曉得她什麼時候會消失，但是你又不可能邀請一個白天睡覺、晚上在衆目睽睽下站班的女郎到KISS之流的老店號跳舞。而且因爲她，我繼而發現了一條定理：

手淫的時候，通常

你只愛用沒有做過愛的女人。

其實我無法眞正記憶她的面貌，儘管午夜的時候總有空閒逛一趟《7-eleven》。我在我的右腳大姆趾上用橘紅色柄的美工刀鏤刻下我對女人的幻想和記憶，最簡單的「正」字標記，一個「正」字處理五個女人。當然，趾甲的成長和磨損將消滅那些早期的標記，但是這是非常合乎現實的，有一天相信我甚至不再能叫喚出那些組成「正」字的眞正姓名，該留下的早已刻劃在心中。

只是我爲她，那個僑生口音，短髮，而不塗指甲油的女櫃員，留下一道沒有記錄的空缺，於是我的右腳大姆趾上只擁有一個「止」字。這導源於另一則非常個人化的公理：

追求人生的缺憾，我相信比追求人生的幸福更趨近自己的意識。

三點一刻。

也許我假寢了半晌。

窗簾仍然緊掩著。

流動的狗吠。

二十四小時全天候經營的超級商店是人類最甜蜜的發明。

它們像棋子般一顆顆被落定在都市的棋盤上，或者說：它們是一枚一枚的圖釘，緊緊將地圖般虛幻的都市固定在一座島嶼之上。

它們販賣應該在黑夜和睡眠裡被遺忘的白晝。

它們販賣中產階級和仿冒資本階級的中等品味。

它們也販賣被我扔下樓的錄音帶，還有強力潔齒牙膏、衛生棉、微波爐食物、過期前一天半價拍賣的鮮奶、烙印傳培梅頭像的速食麵、橡皮擦、日記、煙灰缸、碎冰塊嗑辣作響的大杯可口可樂和鏤花女褲襪。

它們所終究販賣的是顧客的平等面具、店員的紀律以及玻璃屋的溫暖。

它們摧殘著我剩餘的荒涼感。

但是二十四小時商店不販賣哈雷或者其他彗星、也不販賣鎮定劑和罐裝噴漆。

彎身自床下拖出一箱噴罐，蓬散的塵埃在燈光下歷歷可見。

噴罐的金屬殼總是保持著冰涼的觸感，握住那種冰涼，我便獲得奇異的冷靜和安慰，以及一份隱隱作祟的興奮感。不同色澤的噴罐塞滿床下拖出的紙箱，我抽出白塑膠蓋的那罐，用小指甲尖環繞蓋口劃破透明膠膜，剝一聲拔開筒形罐蓋，腥紅色的噴頭凸起在合金穹頂的正中央，這完全是一個處女乳房的造形啊。

握住它，猛烈搖撼。

猛烈搖撼，三十秒鐘。

只要三十秒鐘。

我感覺到那沉澱在罐底的白色素和半透明的膠質正在飽實地對流，它們互相侵襲、滲透、侵略著彼此的特質。

我感覺到自己的血液也加入了對流的過程。

慢慢地，讓噴罐成爲自己的一部分，也讓自己成爲一具高大的噴罐。

容量：420c.c.，罐高20cm，直徑6.7cm，一枚鋼珠在罐身中不斷來回振盪，沉沉敲擊。

用法：

1. 用力振動罐子約30秒鐘，
至漆混合均勻。

2. 距被噴物30公分處，
用食指壓下噴頭來回噴漆。

3. 採用多次噴法，每隔10分鐘噴上薄薄一層，效果比一次完成更加美觀耐久。

4. 此漆置於室溫中，品質耐久，效果奇佳。

像白色噴罐一般激昂地將霧狀的物質顆粒灑佈星空之間，拖曳出幾千公里甚至幾千萬公里的彗尾，這些來源不明的彗星，據說是以奇特的橢圓形軌道環行著太陽。以七十六年周期環行太陽一周的哈雷：一團骯髒的大冰球從距太陽五十二億公里的遠日點，攜帶散逸水分子的長尾，以及各種恐怖的傳說，在一九八六年三、四月期間進入肉眼可以辨識的夜空。

那年四月十號，哈雷位居天蝎座和人馬座之間，亮度爲三等星，凌晨兩時起將出現台北東南地平綫上空，天文學家如此預測。但是那一陣子台灣上空被連綿的陰雲遮護著，間斷的雨勢不是日日夜夜出擊就是悄悄蟄存在雲層裡。我特別記憶那些日子，每天的報紙上都少不了哈雷的字樣，大標題、小標題若非〈哈雷即將通過魔羯座〉就是〈美國發行哈雷彗星股票〉，晚間新聞的天氣播報員儼然也擺弄出主播的派頭，在《神秘的哈雷》專題中高談「迎接偉大時刻的來臨」。

一九九〇年代，沒有人再記得哈雷了，除了我眼前的窗簾。

可我仍然記得一九八六年四月十日那一夜。那一夜雨勢連綿。哈雷在烏雲的反面嘲笑著我那一百枚心愛的哈雷徽章。我悶悶不樂地和留五分頭的春仔、阿呆蹲坐在靜謐的龍安國小校園中，阿呆穿著新繡上學號的高中制服，背上還揹了一袋剛自學校厨房摸來的電爐電線、鍋鏟碗筷和半瓶紅標米酒。我低頭看自己黑色長袖綿衫上的哈雷圖樣，面對這種莫名的遺憾卻羞於和朋友們啓齒。

春仔的肩膀撞著我的肩膀：「呶！」他的三角臉嘖嗾著尖嘴：「鰾了一隻，」舔舔上脣，接著說：「還有阿呆，你們先到厠所準備好鍋爐等我，咱們是速戰速決、泡麵哲學。」

我茫然瞠視春仔弓著背，掏出後褲袋裡一塊又癟又皺的肉鬆麵包，如履薄冰地對迎面一隻好奇的黃土狗嗌喔嗌喔地召喚。

［美聯社］

一九九〇年二月三日訊：

對哈雷彗星感到絕望的愛好天

文人士，快要有一個觀星的最新契機了。

新近發現的奧斯汀彗星，將是整整十五年來靠近地球最亮的一顆星。

佛羅里達大學的天文學家庫克教授說明：到四月中旬，地球大部分地區在黎明前可看到這顆彗星。

將近四年前的那一天，龍安國小教師專用厠所內吃狗肉的那幕，在記憶中已經逐漸褪色了，但是黃狗的悲鳴就如同成了化石的海洋一般，凝固成我心中一道道無色的軌跡。濺灑在白磁磚上的狗血，一滴一滴的細微顆粒，牢牢吸附在滑溜的白磁面上。血的霧氣，和鍋中酒精的微醺情調，剢剢翻滾在氣泡間的鮮肉，這一切和我對哈雷彗星的憧憬疊合，彗尾熠亮著黃狗頸項噴濺而出的赤色光焰。

那是我藝術靈感的泉源。

只有各種色彩的噴罐，才能在都市邊緣那闃無人聲的堤岸和廻聲空盪的市區地下道中留下彗尾般的光明，我幾年來不是用一罐罐的噴漆涮亮了都市中最寂寞的牆壁嗎？用急促的跫音伴奏，我的左手食指麻木地緊按著噴口，任憑飛灑的油漆在地下道中拖曳出彗星的嘶吼，一盞盞壁灯就像蒼白的面霜擦掠我的臉龐，我聽見自己胸腔中呼吸著彗星的童年。

也許，下一次只要選對了地點，噴畫之刻，也會聽見那女郎僑生般的怪腔怪調在我體內濃蜜攪拌。

廢罐處理：

倒置罐子於舊報紙上或廢紙箱中，壓下噴口約2分鐘，以清除剩餘的漆。在必要情況下，可以拔開活口清除之。

凌晨三時三十三分。

我在風衣的大口袋中斜揷白色噴罐，電梯風扇在頭頂嗡嗡旋轉，抵達一樓前我的左手握住冰涼的噴罐。

凌晨三時三十四分。

我取出藏在樓梯間的三尺長竹竿，撥開一層蛛網，再自風衣內袋掏出寬柄美工刀，推出四十五度切口的刀身，使用軟鐵絲將橘紅色手柄一圈圈牢綁在竹竿尖頭。在曙光來臨前，我正決定創造新類型的遊戲。

凌晨三時三十六分。

我跨上停靠在大厦正門口外的中型機車，發動引擎的時候，看見半個鐘頭前擲下的錄音帶殼子熠燿反映路燈的殘照，斷裂的黑磁帶被風刮起，好似柏油路面龜裂的陰影。

凌晨三時四十分。

緩緩放鬆油門，我還是匆匆經過統一超級商店門前，只能在兩、三秒的間隙中特意注視櫃台的動靜，短髮的她仍然站在那個固定的位置，幾縷瀏海遮掩住圓潤的額頭，正側首和一個男店員交談著什麼，她左頰一朵薔薇般的酒渦隱藏在玻璃門的反向。

我繼續前進，駛入辛亥路後，發現目標。

一隻意興闌珊的高大獵犬突然警覺回頭，牠愈來愈縮緊的瞳孔映照出急遽擴大的車燈光廓以及座上我漆黑的陰影。

牠黑白交間的皮毛被拱起的脊背繃緊，瞬即彈射奔逃，我揮舞的左手握住竹竿，丈量前輪與花狗逐漸拉近的距離。

辛亥隧道黃澄澄的入口快速增寬增高，臨近眼前。

衝入隧道。訇訇的氣流貫耳而過，引擎的吼聲增幅十倍。九十五、一百、一百一十、指針衝過紅線。隧道內兩側一盞一盞一盞一盞的壁燈已在我的視覺中緊緊貫連成兩條向左右鬢角穿梭的黃色光束。

我狂喝，在車身和狗的軀幹平行之刻，右手放鬆油門，左手一竹竿掃劃向牠的右腹側，牠哀鳴一聲四肢翻滑扒開煙塵、又急遽彈起向前奔竄，號哭聲仍在隧道中來回折射。

油門再催，黑闇的出口撞向眼前，我再度將刃尖斬向腹部冒出血漬的大花狗，牠無法趨避，踉蹌翻滾，掉轉頭預備向隧道出口回竄。……

一個大急轉，截住牠最後的生機，我也差點失去重心，黑風衣的胸襟也綳開兩顆紐扣，這次順勢一擊，恰恰斜向切開花狗的頸項，整柄美工刀片折斷在牠的頸骨間，竹竿也脫手摔到另一側的車道上，不情願地咔咔滾了幾圈。

我離座任憑笨重的車身斜靠在紅磚道旁，時間停頓下來了。我蹲下來，看著牠顫抖的肌肉以及無神的眼珠。

噴罐還是安然收在大口袋中。我取出冰涼的罐身，對著牠的軀幹一層層噴灑，紅色的血液抗議著，溶混在白色的油漆裡。

直到牠通體純白，糾結如刺的毛髮都泛露出油亮的光澤，我才鬆開乾涸的噴頭，心中湧起一整座天空的星光燦爛。

黑海域

孟波將女人側坐床沿的軀體輕柔地按倒。

他凝神瞪視黑闇中那對閃爍的瞳孔。……舷燈在黑夜的海域劃出一道抖動的光痕。

女人的瞳孔緩緩飄升起靛藍色的火焰。

……浪濤轟轟向遠方擴散。

他的手掌航向女人的胸膛。

……在黑闇的海面上雀躍的魚群咻咻破空滑翔。

航向乳房，穿透罩杯緊繃的邊緣。那花蕾：純粹的，粉紅色少女的夢幻。孟波觸及了那粉紅色的光澤，黑闇中的粉紅色電阻傳導入他的手臂、進入呼吸的節奏。

被憋住的喉音，從女人的鼻腔煙霧般滲出、擴散。

瞳孔。

漸漸地，孟波的瞳孔分辨出黑闇中幽晦的輪廓，鋼一般的色澤，光的纖維勾勒出女人臉龐的弧線。

……海洋的瞳孔，無底的夢魘。

黑闇的套房是一整塊被緊緊壓縮的海洋，嘩嘩拔升在宇宙之中。

一朵朵，一朵朵急速開拆的黑薔薇。

密閉的空間中，孟波全身的毛孔都在一張一闔地喘息；他進入女人體內的瞬間，恍惚意識著一隻蟬正奮力掙脫它龜裂的外殼，溼軟的翅翼在乾旱的大氣裡乾燥、伸展、透明、挺直，以奇異的頻率唧唧震動。

女人翻上孟波腰際，披舞的長髮延展成黑色的藤蔓，盤捲著孟波副片般的視野。

……無月之夜，海洋。

逐漸散亂的呼吸，以及毛髮與毛髮絞纏的裂帛聲。

輕柔的鼻音。傾斜的四壁。一片片的浪，吐司般被利刃切開，靜靜自九十度的立姿倒下。

孟波再度回到海洋。緊繃的腹肌，箕張的腳趾，再度向後仰臥的女人。

「給我。」她急促喘息。

孟波感到自己的軀體不再屬於自己，僅僅屬於一種生物的、夢魘的機械。

肛門緊縮的快感。

黑闇的空間，只剩下一對心臟此起彼落地鼓動，鮮紅的血汁被輸送進布滿血管的心臟，又被壓擠入鼓張的動脈。

瞳孔。

女人的瞳孔容納著宇宙。

自女人軀體上翻落，孟波的腳踝不意擊中床頭櫃上的電源開關，正對著雙人床幾何中心的一盞吊燈登時照亮斗室。光撲下，一切造形顯現眼前。

女人勻稱地呼吸，幾縷髮絲黏附在潔白的面頰上。孟波眨了眨眼，失焦的渙散光線重新凝聚在女人的胴體，蜷起的腿遮住了臍下溫暖的凹陷，但是緊繃的小腹卻顯得更為醒目，雪白，一種厭膩的雪白連綿向聳起的乳房延伸。

孟波伸出慵懶的手臂，指尖輕觸那花蕾般的乳尖，女人突如其來地格開孟波，雙目睜開。她的手錶仍然掛在左腕，金屬錶帶閃閃發亮。

「現在幾點？」孟波沙啞地詢問。

「你還有十五分鐘。」女人瞇著眼仰視手錶。

「噓，」孟波嘆口氣，腹肌一收便坐了起來，彈簧床因而波浪般搖晃：「我們還可以聊十五分鐘。」

「從旅館門口叫車，先送妳到車站，再繞到西碼頭，只需要五分鐘時間，」孟波披上條紋襯衣，順手點燃一支萬寶路：「十二點前，我得回到船上。」

女人拾起地上的胸罩，孟波在臂下抽出她捲成一團疙瘩的內褲，隨手摔向女人的胸前。內褲軟綿綿地撞擊在她勃張的曲線上。

「抓蝨母相咬，」女人回首狠狠使了個眼色：「辦完事就輕浮起來。」

「我沒那個意思，」孟波徐徐吐煙，青色的霧柱自鼻孔間兵分兩路，滾滾擴散：「娟仔，總部的人事命令已經轉到，下個月我就會調回陸地。」

「沒前途。」娟仔撐開內褲，對著燈光，黃色的芒刺穿透黑色的纖維網路，篩入她的瞳孔。

「好歹我也是個幾兩重的官，調到總部後可以戴大盤帽上下班，還是個少校缺；」孟波按熄了大半支菸，騰出手來扣結襯衫：「我接妳到大直附近租間套房。」

「你騙我還不夠？」娟仔將開前式胸罩緊緊綳起乳房，肋骨在臍上潤滑地挪移。

「人生有很多無奈，」孟波乾咳一聲：「說不定今天晚上就得要開船，如果風平浪靜的話。」

娟仔哼起童謠，游絲般的喉音：

「烏燕，烏燕，汝幾歲？……」

「新娘車，駛到宅：阿母，阿母，阮不嫁。……」

「阮要留吔做皇帝，……」

孟波的眼前泛起一片海洋，但是他的聲音不自覺地劃開那片無邊際的藍。

「皇帝舉關刀，娟仔吔汝替烏燕牽豬哥。……」

娟仔顯然痛恨孟波的幽默感，撅起性感的厚唇，彎腰拉扯著黑色的仿皮窄裙，裙口遲緩地和豐腴的股髀拉鋸；孟波已經閃至她的背後。

「娟仔，已經等那麼久了，」男人黝黑的臂膀穿越她的腋窩，粗糙的手掌扣住她的胸前：「白色的禮服，我的同學們會穿著白色的禮服，用亮閃閃的銀劍搭起劍門。」

孟波的鼻息在娟仔的面頰濁重地擦掠：「他們排成『單艦縱隊』，一個接著一個親吻妳的臉龐，花炮和彩帶，還有香檳瓶蓋，啪啪啪啪，像禮炮一樣。」

「我不再相信你，」他們走入市街，娟仔的瞳睛空洞而無神：「我已經三十歲了。」

「也許時間還夠，我們步行到車站。」

孟波鬆開咬住下唇的門牙：「我們邊走邊談。」

孟波的手掌在娟仔的肩頭用了力，代表了無言的歉意。

「圓舞曲，娟仔，我們在婚禮那天，找個好大的禮堂，所有的賓客都在迷朦的雲霧中，」孟波將手臂伸出，五指箕張，緩緩比劃，不顧路人的側視：「吊燈的光線穿透雲霧，我們的身上發散著金色的光芒，……」

孟波腦海裡飄旋起不同的色彩，不具形式的雜沓音符逐漸組構成朦朧的曲式，圓舞曲的節奏展開，一個個弧形劃開。

迎面而來的車燈一一閃過。

黑色的天穹浮泛層層奇異的光澤。

經過一段傳統的序曲，圓舞曲進入狂恣的主題，典麗的節奏扭曲為虛妄的回聲，不協和絃替代甜膩的和音，疾雨般的快板。

海，海洋在孟波面前節節升起，淹沒了眼前璀璨的市街；孟波轉動僵硬的頸項，他側首看見娟仔的長髮被洪洪的波濤衝散開來，在氣泡中揚升、飄動。

孟波仍然摟著娟仔，堅實的臂膀不自覺地勒緊女人的軀體。

「我不能呼吸了。」娟仔突然停頓下來。

孟波的手自女人溫暖的軀體滑落。

依傍海港建立的市街，流盪著一股奇異的氣氛，所有的行人都攜帶著鬱藍色的神情；孟波發現一切色彩瞬間消褪，化為單調的黑白對比，只有眼前的女人渾身呈現七彩鮮麗的色澤。

黑亮的窄裙。

鵝黃色的廉價皮帶。

紫氣瀰漫的印花襯衫。

露出領口，閃光噴濺的玻璃項鍊。豐腴的唇。盈亮的瞳睛。

娟仔如同站在一幅鴉灰色的布景前，成爲不具備表情的美麗人偶。一個灰色的行人大意地擦撞娟仔的脊背，孟波靜默地注視她微微晃動的肩膀。

「我不知道該說些什麼？」娟仔游絲般的對白穿越轟轟的市聲：「眞的不知道。」肩膀垂掛著一條仿鱷魚皮的帶子，連通到她纖細的腰際，一個白色的皮包。她遲緩而堅定地拉開皮包上古銅色的紐扣。

「給你。」仍然有幾縷髮絲沾黏在娟仔油性的面頰。

一個白色封套，孟波接過。

從車站延伸出來的鐵路通向艦艇蝟集的碼頭。沉靜的倉庫，沉靜的堊牆，慘淡的光線自碼頭上的船體映照在灰濛濛的水泥建築和柏油路面。

一艘LST孤獨地泊靠在西六碼頭上。

這艘戰車登陸艦曾經參加二次大戰美國海軍的太平洋島嶼登陸戰，戰後移交給國民政府。一九五八年八月的料羅灣海戰，也曾經是她四十餘年服役生涯裡一段泛黃的記憶。

碼頭邊緣，灰色的舷壁高高升起，浮動的艦身被手腕粗細的纜繩縛繫在種植陸地的鐵栓上；連結船與岸的纜繩隨時要綳裂般，不時發出啪啪的呻吟。滿載時達四千公噸的龐然巨物，長三百二十八呎，寬五〇呎，吃水十四呎，然而對於這艘戰車登陸艦編制下近一百名海軍而言，卻是一個狹窄無比的小型都市。

中空的腹部，原本用來裝載大量兩棲戰車以及外島運補物資，兵士們位居下甲板的住艙不過是一條狹窄的通道，掛滿四層的吊鋪，必須側著身才能翻滾到搖晃而布滿霉味的床墊上。

這個時間，水兵們都已經上床；孟波遙遙看見他的船，桅燈散射出陰寒的白色光芒。

孟波沿著鐵路步行，二十二點以後沿途已經看不到任何散漫閒逛的水兵，四周一片寧靜，遠方偶然傳來輪機發動的聲音。港灣附近充斥著奇異的氣味，那是一股由油汙、排泄物、垃圾、海鹽和玩世不恭共同混溶的氣味。

白色的封套挿在孟波牛仔褲後袋，他神經質地用右手拍拍那封夾藏在藍色布料中的信封，像是擔心遺失了它，其實孟波根本希望那封信已經遺失。

每回重新看到他的船，孟波心中就開始有一種莫名的情緒升起。船艦是一個獨立而封閉的社會，只有當他們靠了岸，才能和眞實的世界連繫起來，以一道半隱半顯的裂縫。每一艘軍艦都有特殊的空間配置，位於艦橋底部的上官廳和軍官臥室是統治階層的領域，軍官們所有的空間和上甲板平行；位於下甲板的下官艙則是士官們集會之處，他們是讓一艘船實際操作、航行的靈魂；而最下層的輪機部門和士兵住艙則隱埋在水線以下的位置。一個階級分明的小世界。

桅燈散射白色的光芒。

孟波繼續沿著陳舊的鐵路枕木步行。

北部基地的外島運補作業，以馬祖、東引爲主要對象。他想到那些布滿魚腥味的島嶼，以及冷漠的村婦。

黃魚成千上萬地伏流在深藍色的洋流中，那些狡獪的討海人可以用耳朵聽出魚群的游動，「海上會傳來一陣又一陣的聲音，像是蛙叫。」曾經有張曬得如同焦炭般的臉龐告訴他關於黃魚的知識，孟波不再記得那張臉的細節，他只記得那一整筐翻肚暴眼的黃魚，用上百枚瞳孔冷冷地瞪著他。

一枚枚魚目從記憶深處浮現，浮現，激越地浮現。島嶼邊緣的蚵女，用尖銳的釘耙敲裂蚵仔的甲殼，輕輕勾出柔軟的蚵肉。記憶被現實中的某一項道具如同蚵肉般拉扯出腦海。孟波眨眨眼睛，注視著勃張光織的那枚桅燈。

鐵梯自巍峨的舷壁伸出，靜肅地架立在水泥地上。

孟波剛剛踏上梯口，值更的高個兒上兵吞吞吐吐地報告：「報告艦務長，底下出事了。」

「值更官呢？不是兵器長值更嗎？」孟波大聲吆喝。

另一名扛著長槍的矮胖下士傻氣地聳聳肩：「兵器長和醫官一起去逛夜市了。」

孟波咬緊牙關，將差一點衝出口的三字經硬是吞了回去，腳步卻已急急踏出。皮靴踐踏在鋼鐵甲板上的鏗鏗跫音，心跳，喘息；孟波一面奔向艦橋，一面聽見自己在空寂的夜晚中製造的騷響。

住艙一片靜謐，黑暗中幾十個水兵蜷曲在臥鋪中，聽聞彼此的呼吸。只有下官廳燈火通明。

孟波從艦橋的艙口躍下，差一點滑倒，他看見沿途的艙壁布滿血跡。

下官廳的燈光漸層滲透到闃無一人的前住艙，用來上莒光日電視教學的長凳一排排固定在鐵板上。陰森森的空間中迴盪著詭異的氣氛。

紅色的、以及凝固成鐵銹色的血漬，抽象畫般在通道中延展。

孟波走進下官廳，四、五個士官正將一名上半身精赤的彪形大漢按倒在會議桌上，他的四肢被緊緊扣住。孟波走過去，瞥見作戰長李宜和政戰官易新居都站在角落。

「孟波你回來了，」補給長的聲音從後住艙和下官廳的通道口傳來：「你看你隊上的唐明達，爛醉成這個樣子；他用酒瓶打傷了小補。」

孟波瞪了補給長一眼：「老補，誰是誰非，誰都沒弄清楚，你做學弟的不要太張狂，好歹我是你學長。」

補給長的氣焰即刻被壓了下來，孟波鏗鏗地走到會議桌前，偏頭指揮作戰長：「老作，你趕快換上軍常服，到梯口去代兵器長值更，只剩下兩個小鬼在艙面，萬一隊部派人來巡察，這是嚴重違紀，大家都沒好日子過。」

「報告艦務長，作戰長剛值完四到八的班次。」政戰官易新居在一旁打抱不平。

「易新居！」孟波再也按捺不住：「一個小少尉，別以為大學畢業就有什麼了不起，什麼歷史系高材生，只配給死人擦屁股，這兒沒有你預官插嘴的餘地！」

「我去，你別嚷嚷。」作戰長李宜正轉身要走，孟波大吼：「老作你給我站住，」他轉頭伸出手臂指著臉色慘白的政戰官：「易新居，好，現在你到梯口給我值更去。」

「報告長官，」易新居壓抑著聲帶的顫抖，正準備答辯，孟波無名火更加熾烈地衝上腦門：「滾，你馬上滾上去值更，不然我辦兵器長的時候連你一起辦。」

政戰官面無人色地大步踏出下官廳，補給長不知何時也消逝無踪。

孟波的喉結隨著呑嚥口水的動作而上下滑動。

被按倒在桌上的唐明達，仍然狠狠掙扎，他粗壯的上臂露出青色的筋脈，箕張的五指不斷屈伸，沾滿流溢的鮮血，不斷滴濺在自己糾結的胸膛上。

「他也受傷了！」作戰長告訴孟波。

「怎麼回事？」孟波漸漸平伏下來，他聽見艙間裡充滿許多人雜沓而濁重的呼吸聲，這些呼吸聲交織成網，罩上他的靈魂。

唐明達猛然掙脫開衆人的纏抱，兩個士官被摔到牆壁上，另兩個走避不及，被唐明達的膝蓋和手肘重重擊中，退開了桌緣。

一百八十七公分的龐然巨物，霎時跳下桌面，作戰長用打橄欖球的姿勢攔腰抱住失去理智的唐明達，他感到自己的肩膀正撞在一座岩壁上。

唐明達大喝一聲，穩住踉蹌的腳步，雙拳合抱，重擊作戰長暴露在他眼前的脊背。拳頭悶悶擊中體腔的聲音。

作戰長雙手鬆開，仆倒在唐明達腳下的同時，士官們又從各種角度朝向唐明達巨人般的軀體。

深夜三點。

唐明達睜開眼睛，他似乎遺忘了幾個小時前發生過什麼事。

孟波將手電筒的光線打在唐明達的臉上，刺目的亮度讓唐明達的眼珠幾乎縮進後腦裡頭，一張四方大臉縮皺成一團霉黃的麵疙瘩。

這是坦克艙旁的一間小隔艙，唐明達躺臥在一堆泛潮的纜繩上，他發現自己的雙掌和腹部都纏上白色的繃帶，傷口的位置被滲出的血漬標示著。

「站起來，」孟波將奶粉罐形狀的防水用手電筒豎放在地面：「小唐，你知道你幹了什麼好事？」

唐明達撐起上半身，孟波已經伸手抓住他頭頂的短髮。窄狹的艙間，手電筒朝正上方打出倒金字塔型的光域，孟波在小唐面前的形貌隱現在自然的黑暗與人工的光明之間。

小唐被迫上仰的灰色臉孔，石雕般的輪廓模糊在同一暗調的色系中，他張口欲言，豐厚的嘴唇微敞。

「說啊？」孟波的聲音低沉有力：「小補給你砍成那個樣子，現在躺在醫務室，你看看你自己，全身坑坑疤疤，你看看你自己，年初才判刑復補回役，你是不是想回牢裡蹲一輩子？」

孟波順勢一推，小唐的頭顱像拳膾般劇烈搖晃著。

「告訴你多少次，不要跟小補亂搞，你知不知道什麼是愛滋病？AIDS啦！」孟波一膝蓋就頂中小唐的太陽穴，大個子立即翻倒，悶不吭聲蜷曲在纜繩堆裡。

「站起來，」孟波斥喝：「小唐你站起來。」

酒醒後的小唐孩子般手足無措，呆滯地將河馬般的身軀站起。

孟波仰視小唐，用指尖戳刺上士的肚皮：「他不跟你搞，還是你不跟他搞？我他媽的最恨這種事，你喜歡，好你喜歡。」

孟波迴身到密閉的艙門旁，用腳踏散一堆台灣小高粱的透明空瓶，叮叮噹噹、咕咕嚕嚕，或橫倒、或互撞，繼而四竄滾動。

「這就是你的成績？你以爲他們是領巾上頂四道水兵紋的老共海軍？」

小唐的眼珠充滿血絲，豆大的淚水滾落面頰。

「你是啞巴？」孟波瞠視嬰兒般啜泣的小唐：「下個月我調到大直，半年內艦長也要調升到艦令部，我不希望在隊上出任何狀況。」

孟波再度猛戳小唐起伏的肚皮：「你，你卻老是出狀況，三天一小宴五天一大宴，哪一次我不能把你送回牢裡？要不然也讓你進明德班管訓幾個月。」

「隊長，我，」小唐細微的聲音不像是自那渾厚魁梧的胸腔發出：「原諒我，隊長。」

「這條船只有五個隊，你是我隊上階級最高的隊員，敲釘、刮銹、上漆、保養，哪一樣要你動手。大概是太閒了，艦務反正有小兵是吧？」孟波伸長了脖子，對著小唐貶眼睛：「我什麼我？一條船上上下下全都知道你老哥搞那個玩藝。小補不情願，你嬲他不過就要殺他？」

孟波彎身拾起一個空酒瓶，挪到小唐的面前：「把褲子脫掉，把它塞進屁眼裡去。」

小唐癡癡注視隊長掌中那枚酒瓶，一對肩膀隨著啜泣而抽搐：「隊……長，會，會死人的。」

「你自己決定，反正我豁出去，大不了記個過，你自己決定，要到明德班還是自己搞。」

孟波將酒瓶往上拋出，迴旋的瓶身在半空轉出光輪，啪一聲又落入孟波的手掌。

「不要逼我，求你隊長，……」小唐低聲哀求。

孟波站成一具冰雕，他不再開口。

孟波感到小唐渾身湧現仇恨與羞辱交織的情緒。

小唐用顫抖的手指解開腰帶上的銅環，沾血的藍布舊軍褲滑落，接著他脫下內褲，赤條條地站在孟波前。

「接著。」孟波面無表情地握住瓶頸，將瓶底抵住小唐的肋骨。

小唐接過空瓶，他空茫茫的眼神看著孟波嘲弄的唇角。

一股熱血自丹田激湧起來，小唐莫名地興奮起來，下體勃張，在一剎那間他必須選擇將手中溼黏的酒瓶掃向孟波的腦袋，或者做一條狗。

厚實的鐵門咿啞推開，孟波驚覺到自己忘了將水密門的轉盤鎖定。猛然回頭，一腳踢翻了手電筒。

「艦務長，」水密門後站著一個胖大的影子：「不可以胡搞，關他幾天禁閉再說。」是艦長。孟波一頭冷汗。

〇三五〇，上官廳燈火通明。

艦長坐在會議桌上的正位，面對他的牆壁懸掛一塊八開大小的銅牌，上頭鐫刻著歷任艦長的大名及任期，最末一行是他自己的名字，剩下的空格準備好要塡上他離職的任期。留在船上的官員個個火眼金睛，一夜沒闔上眼。

艦長環視四周，將目光留在孟波身上，狠狠瞪了一眼。

「孩子們，你們太鬆懈了。」艦長吐出一股酒氣：「我和艦隊長、參謀長在隊部開會，研究夏季演習的實施細節，你們以爲我去嫖去賭了？」

艦長重咳一聲：「〇三三〇我一上梯口就看到政戰官在吃泡麵，嗯，在値更的時候吃泡麵。還有艦務長，」他的視線再度投向眼觀鼻、鼻觀心的孟波：「副長到左營艦令部開會，這個期間一直由你代行副長職務；」艦長忍住一個酒嗝，停頓了一會：「輔導長十二指腸潰瘍又住進了三總，大事小事易新居一手包攬，他一個預官小老弟，全艦的政戰業務全給他一肩擔了下來。」

「當然，在梯口値更還是不能夠吃泡麵，我訓過他了。」艦長的矛頭又轉向孟波：「你呢？孟波？輪機長請假你管不著，輪機官請假你竟然也敢代批？」艦長從面前一疊卷宗中抽出休假記錄簿，咚咚丟在桌面，米黃色的假條散揚、拗折、飄飛到孟波面前。

「好啦，如果現在有緊急運補任務，是誰下艙底指揮輪機隊和損管部門？孟波你說，還是我艦長捲起袖口下地獄？」

滿座仍然鴉雀無聲，靜靜等候艦長點燃一根菸。

作戰長低聲提示：「報告艦長，菸反了。」

火苗卻已燒上濾嘴，一縷黑煙嗆進艦長的鼻腔。

趁著艦長忙亂地將那支菸按熄之刻，孟波傾身遞上一支萬寶路，艦長推開，依舊在那包有「禁止轉售」字樣的軟殼中抽出長壽菸捲。

「開船沒有輪機官員不成，如果單靠那些輪機隊的士官就可以開船，好啦，國家要我們做什麼？官校正期生全都上岸去幹待命軍官，準備白拿一筆退休金。」

艦長夾菸的右手頻頻指著孟波，灰燼源源彈落鋪上印花塑膠布的桌面：「廿四小時，孟波你負責在廿四小時內將輪機長和輪機官全部找回來。」

「還有老兵、醫官，」艦長目露凶光：「昨天晚上你們溜到那裡去？不要以爲我不知道，你們上船的時間比我早不到半個小時，很好，你們兩個停止休假一個月。兵器長！尤其是你，在值更時擅離職守，這種事情你說該不該辦？」

作戰長看看錶，站起來表示要上梯口接易新居的更，匆匆遁逃，醫官接著說得去醫務室看看小補的傷勢。

艦長眼皮沉重，座上人員所剩無幾，他便交代孟波一早代替他主持早點名，自個兒拖著肥胖的軀體回艦長室呼呼大睡。

「小補不必送基地醫院吧？」孟波掀開醫官的臥艙門簾，醫官頭頂著艙間布滿管路的天花板，正坐在上鋪床沿換衣服。

「主要是右手臂的裂痕，我解開繃帶重新清洗過，又縫上幾針，應該沒有玻璃屑留在傷口中，」醫官兩圈黑眼眶深陷在削瘦的面頰上方，他沙啞地在幽晦的光線中告訴孟波：「額角上的傷口血流得多，反而沒有大礙。艦務長你放心，我曉得老闆的心態，艦上自己可以解決，誰也不想鬧到外頭去。」

躺在下鋪的補給長也沒睡著，他在黑暗中發言：「學長，抱歉，我沒管好小補。」

「老補你別客氣，我知道你心情不好，」孟波走進臥艙，坐在臥鋪的鋼鐵床沿，低聲問老補：「老闆挪借的款項歸墊了沒有？」

補給長的眼珠像明滅的桅燈般閃爍：「他鄧述禹是中校艦長，我張啓強是中尉補給長，就這麼一回事。」

「得睡了，兩個小時也得睡。」孟波拍拍老補油膩的面頰。

回到自己的臥艙，孟波打開書桌前的小燈，想起娟仔，才從後口袋裡掏出那個微溫的信封，白色的仿羊皮紙溼滿汗水，皺紋像地圖上的河川般漫延。

孟波沒有拆開它。

他捨不得。

他將信封放置在六十燭光的燈檯上，讓一顆人工的太陽曝曬著潮溼的、沒有署名的信封。

三天後的傍晚，孟波的軍艦按指令起錨，滿載淡水和運補物資，航向馬祖列島。偏順浪。

解除出港部署後，孟波接替了艦長的位置，擔任航行值更官，易新居是他的副值更官。

他們穿著厚重的防寒夾克，風從駕駛台側面的玻璃窗源源澆灌進來。

駛過海峽中線，雲層雄渾地朝下壓，遮住月光，全艦燈火管制，只有艉燈在漆黑的海域留下脆弱的光痕。

易新居在開航時便成了半個廢人，他抱緊一個塑膠筒，蹲在黑暗的角落，不時嘔出一些酸水，斷斷續續地嗆咳著。

孟波省得搭理小政戰官，他一向擁有正期生的優越感，對於掛蝴蝶牌的政戰人員，無意識地反感。

「戰情室，我是值更官。」孟波咬字清晰，透過下接戰情室的話筒問答。

「戰情室回答。」戰情室的雷達中士小郭顯然沒有睡著，咬字清晰。

「有沒有狀況？」

「一切正常。」

「旗艦距離。」

「五百五十碼。」

本艦正常編隊行駛。孟波望向黑沉沉的海洋，前方旗艦的艉燈拖曳著閃爍的光帶。

「舵房，值更官。」接著他傳話舵房。

「舵房回答。」

「雙俥進二，正舵。」孟波鎮定而有力地發號施令。

孟波的中等身材被厚重的防寒夾克緊緊裹起，黑絨鴨舌帽沿低低壓住前額，三道銀槓的上尉官階端正地釘鎖在帽前，流宕閃閃寒芒。仍然抱住空桶仆伏癱瘓的易新居仰視孟上尉的背影，突然感受到那些簡潔有力的口令，無非在嘲弄一個暈船的政戰尉官。

「雙俥進一，左舵五度。」孟波微微回首，眼角的餘光瞥視虛脫的易新居。

孟波感到一絲莫名的尊嚴感。

電羅經矗立在駕駛台前方。老式磅秤模樣的電羅經，唱片大小的顯示幕中，格格移動的指針在敷塗螢光劑的刻度上絲毫不苟的擺盪。

海濤的拍擊淹蓋一切，電羅經挪移指針的聲音如溺水者最後的手勢，掙扎地衝破海洋浮晃的表面，溼漉漉地高舉又沉沒，高舉，沉沒。

月亮時隱時現，風浪逐級拔升，孟波的視線穿越被鹽水噴濺得一片霧境的玻璃，他看見鯨魚般的艦艏和上甲板航行在無天無地、幽晦漆黑的奇詭情境。

龐大的艦體，時而深陷在海浪的激湧中，任潮流突穿兩側舷壁匯注在上甲板上，除了聳起的炮位之外，整艘平底軍艦都浸入陰晦的洋面；時而被波濤高高擎舉，甲板上溢流的白沫再度嘩嘩遁回流動不居、原始蠻荒的大海。

懸掛在易新居頭頂的銅鑄水平儀，左右搖擺出四十五度角的圓弧。然而在漆黑的駕駛台裡，易新居什麼也沒有看到，他只感覺到冰冷的艙壁被黑暗無邊的海洋所溶蝕。

易新居的意識在眞空中懸浮，沒有空氣，沒有光，他的軀體只剩下一條連通腦髓的脊骨，以及銜接抽搐的脊骨的食道。

「小政戰，」孟波招呼他的聲音恍若隔世：「你他媽的給我站起來。」

孟波淫邪的笑意。銀閃閃的上尉階。擺盪的玻璃。遠方旗艦的艉燈。胃液嗆鼻燻人的腥氣。易新居舔舔乾澀的嘴唇，努力集中意識，但是他一再感覺整條軍艦正不斷潰散，一個個用水密門隔絕的住艙正在浪潮的衝撞下分裂、崩陷，紛紛被捲入沉沉迫降的雲層之中。

「一開航，你就沒有向老闆打報告的力氣，」孟波歪著嘴，斜視他正費力扶著艙壁站起的副值更官：「易新居，你們搞政戰的根本不應該出海。」

易新居搖搖頭：「艦務長，我一直很尊敬你，……但是，」政戰官眨動酸澀的眼皮，集中起對孟波的恨意，這立即使他清醒了七分：「但是也請你尊重政戰管道。」

「我不怕，」孟波一面對舵房下令保持航向，一面對筋疲力竭的易新居咧嘴談笑：「你經常教弟兄們唱〈擊破統戰陰謀〉、〈匪諜就在你身邊〉，」孟波用右手輕快地指揮比劃：「唻咪發唻唻拉唻——米哆．瑞西哆瑞瑞米瑞——西唻，保密是軍人的天——職，保密是軍人的美——德，……」

「嘿嘿，」孟波乾笑兩聲：「那一首〈斬斷敵人的魔手〉，非常有味道的旋律，……唻米米瑞哆瑞哆西拉．西拉唻拉唻發米瑞唻——唻，在——革——命——的——陣——營——中，豈——容——敗——類——興——風——作——浪——。」

孟波停下表演，點菸，徐徐瀰漫的青煙，推擴出整個駕駛台狹窄的空間；原本被黑夜吞噬的艙壁，和無數盤繞、交錯的管路，一一就著隱現的月光，被萬寶路的煙霧輕輕抹拭。

布滿鋼鐵和黃銅的駕駛台，將孟波和易新居裝置在一道順著浪濤隔空起伏的軌跡上。

「政戰仔，可是有一首歌你始終不會唱，你總是不會唱，你永遠也不會唱，」孟波指縫上的煙點，亮在他炯亮的一對瞳孔正中：「每天我們早點名唱的那首歌，我注意到了，易新居你每天只是跟著大家的聲音做做口形，你從來沒有發出聲音。」

易新居震驚地將背部貼在艙壁上，一道銅管的扳手深深嵌入他的防寒夾克。

「海軍軍歌，你唱給我聽。」孟波壓低聲音，伸手挑撥著易新居防寒夾克的藍絨大翻領：

「這是命令。」

易新居猛烈搖頭，虛弱地吐不出一個不字。

孟波拍拍腰際配掛的自動手槍，仍然篤定地判斷船位，易新居被他喚到駕駛台外露天的瞭望位置罰站，「除非你能唱完海軍軍歌的最後一個字。」孟波總算抓到易新居的把柄。

航海二兵周成一直窩在駕駛台的水密門外，餐風宿露地瞭望什麼也沒有的海洋，他至少丟了十幾支綽號「八國聯軍」的配給長壽菸屁股到大海裡去。

易新居現在站在他的身側，政戰官很清楚周成看到和聽到了什麼，他讓蒼白的面頰縮進大翻領裡，對周成溫柔地說：「下去廚房，給我弄一碗泡麵。我房間的書桌底櫃有味王蔥燒牛肉麵，你去拿兩碗出來，」政戰官把鼻尖露出來：「你先躲在廚房裡把你那碗吃完，再把我的端上來，動作要快。」

周成偏頭看政戰官一眼，把步槍遞給他。

易新居相信他得找些嘔吐的材料。

孟波下完新的舵令，突然聽到通達艦長室的話筒傳來交談的聲音，是老補和顯然睡眼惺忪、聲調沙啞的艦長。

艦長一定忘記將話筒關掉，孟波驚出一把冷汗，剛才駕駛台裡修理小蝴蝶牌的過程萬一都聽進老闆的耳朵，在艦上的最後一個月就不乏有好日子過了。

孟波正想關掉話筒，遲疑半晌，決定聽下去。

除了值勤的官兵外，幾乎全艦的人員都躺在吊鋪裡熟睡。頭顱包紮著繃帶的小補一個人躲在補給室裡，僅容迴身的空間，四周的懸架都被檔案夾重重塞滿。

他在搖晃的空間中仍然亮燈處理積壓的報表。補給室位於上官廳後，被層層的艙間包裹在中央，所以在燈火管制的航行警戒中仍然可以燈火通明。

被小唐打破的頭顱仍然隱隱發脹，手臂上的傷口也化膿發炎，但是一旦回航就遇到發餉日，小補不得不提振精神去面對賬日，就像他頂頭上司補給長張啓強必須挑這種夜深人靜、船體擺盪的時刻去面對艦長室裡那塊被官廳勤務擦拭得金光眩目的銅牌一般。

艦長辦公桌上橫置著一呎長的銅牌。

鄧述禹三個隸書體大字鏤蝕在牌面，較小的字體是艦名和官銜，縮聚在名牌的右端。

「老闆，我已經墊了半年的薪水。」張啓強的馬臉上布滿坑洞，下垂的嘴角輔助了他哀求的氣氛。

「老補你不能再想想辦法？小老弟我手上也很緊，」艦長伸出寬厚的手掌，拍拍老補的面頰：「誰不知道最近股市情況，我老婆現在全給套牢了。打她一頓，然後呢？總不能眼看她上吊。」

「而且，」艦長壓抑聲音：「我本來也準備把果貿新村的房子賣掉，但是現在房地產的時機不好。」

張啓強知道希望微渺，差點嚎啕出聲：「老闆，這次任務結束，後勤司令部馬上會派人來查船了，您要我怎麼辦？」

艦長兩手一攤：「後令部有熟人就好辦了，那是你的管道。」

張啓強鐵青著臉搖頭：「最近新調任的幾個稽核都是鐵面無私的硬裡子，和他們說，眞的就是自投羅網了。」

艦長睜大眼眦，全身後仰，斜倚在沙發椅上：「老補，我們在同一條船上，但是該辦你的時候我只好辦你。」

孟波切斷話筒。

切斷艦長和老補之間的僵局。

濤聲虎虎流逝，雜夾著轟轟的輪機聲。

在被割裂的空間中，悸動的節奏。

往返動盪的音樂結構，使人眩亂而迷惑。

孟波不知是海洋給予他活力，或者正悄悄將他僅存的生命奪取，一吋吋的藍從腳跟向膝蓋淹升，從膝蓋向小腹淹升，從小腹向他被萬寶路抹黑的胸膛淹升，漸漸呴濡他的腦髓。

無標題音樂，海洋。

管樂交疊演奏，輪番突起的聲籟，跳躍在渺小的軍艦四周，孟波辨識出那低音管的主旋律正轉入降E調單簧管、中音雙簧管以及橫笛的跌宕合音，……。海的音調永遠不會使人厭倦，海的節奏卻貧瘠得令人苦悶難忍。娟仔。他想到那愛他至深的女人。

想到娟仔的媚態，激點的電流霎時流遍她全身最後的青春，像沙啞穿梭在上甲板上的赫赫驚濤。

風勢轉壞。

小補正用完好的那隻手搔抓胯間的溼疹，並沒有注意到補給室的木門已經被悄悄掰開。直到一條纜繩套住他瘦弱的頸項。

那是一個完美的運索結，只有熟練的帆纜老手才能打出那麼完美的運索結。足以在碼頭栓上栓住一艘艦艇。

小補俊秀的臉龐漲成紫紅色，被鎖緊的喉頭只能發出一些奇異的子音，他揮舞的手臂將桌上的報表拍擊得四散紛飛。

兩顆眼球如同金魚的凸目般突爆而出，長長的唾液自小補的面頰不情願地滴垂，鬱紫的舌頭漲滿口腔、微微自敞開的齒縫伸出那兩瓣鮮豔的唇。

小唐將手中的纜繩鬆開，小補隨著傾斜的靠背椅軟綿綿地倒落冰涼的鋼鐵地板。

補給室中混雜著菸草燃燒與油漆新鬆的氣味。這間房間是一個月前定保期間小唐親自粉刷過的，他為他最心愛的男孩用翠綠色一道道敷塗在刮過鏽的舊鐵板上。

小唐的胸膛急劇地喘息，他在桌上拾起小補留下的半截菸頭，深深地吸入，登時爆裂火星的菸頭如同勃張的陽具般紅通通地燃燒起來。

易新居仍然在等他的泡麵。沒有速食就過不下日子的日子。周成果然是個混蛋，一下梯就是半個小時，鬼影也不見。

他的肉體似乎已經度過了暈船期的折難，然而已經快要到下更的時刻，海風夾帶碎浪不斷濺潑在他的臉龐。易新居抓緊桅桿，遙遙看見黑壓壓的艦尾處，亮起菸頭的紅點，那是部位值更人員的所在。

他的臉已經全然麻木，穿出斷指手套的十指也凍僵得毫無知覺。周成的長槍橫臥在地，隨時撞擊著甲板。

隔著模糊的玻璃窗望見孟波朦朧的背影，易新居啐吐了一口濃痰。

只剩下一刻鐘，兵器長和醫官就會上艦橋接更。易新居依靠背誦政戰信條打發時間：

「戰場四要，」易新居低聲吟誦——

「㈠：人人要愛民。」

「㈡：人人要宣傳。」

「㈢：人人要調查。」

「㈣：人人要守法。」

小唐抽出蛙人刀，這是他在爆破隊管訓的紀念品。鋒利的刀鋒。

一道道寒芒流竄。

輪機轟轟運轉的聲調令他發狂。

順著輪機的節奏，一刀刀戳進小補溫暖的屍身。

血漬潑墨般噴灑在小唐潔白的襯衫上。

易新居對著艦艉背後激越的水紋怒吼：

「愛民十大紀律：㈠：宿營挖廁所，㈡：洗澡避女人，㈢：待人要和氣，㈣：僱夫先付錢，……」

小唐一刀揷進小補的顱骨。他狺狺咆哮，用刀拔出，白色的腦漿潺潺自小平頭泛青的裂縫中滾滾翻騰出來，黏膩地附著三分長的黑髮上。

「……㈨．愛護莊稼樹木，㈩．不拿一針一……線。」易新居聽見艦橋下的鐵梯響起微弱的跫音。

「一定是周成。」易新居咬牙猜測。

孟波想起那封信。

娟仔的信仍然擱置在燈檯上，孟波不記得他關了檯燈沒有。他不記得。

「我的麵呢？」易新居克制不滿的情緒，和善地對著攀上駕駛台外緣的黑影發問。

不是周成。易新居感到懍然，脊骨登時透涼，全身的雞皮疙瘩漲潮般泛起。

小唐渾身血汙，左手緊握的刀柄鏗鏗地敲擊鐵欄。

那封信。孟波望著前方的黑水域。

小唐濁重的體臭掠過全身繃緊、屏息僵立的政戰官。

瘋狂的士官對易新居視而不見，逕自轉身旋開漆上代字C的水密門，環形的轉盤緩緩轉動，一陣大浪衝來，易新居仆跌在地，險些滑出艦橋之外。

易新居突然清醒過來，他踉踉蹌蹌站起，右手食指勾開手槍的皮套，迅速抽出沉甸甸的武裝。

保險輕脆打開。

但是易新居並沒有扣下扳機，他告訴自己得等。

他得等孟波被那把尖刀戳穿。

易新居突然感到強烈的性興奮，他無法遏止自己燙熱的精液瞬間噴擠在褲襠中。

孟波轉身，他想告訴易新居，他想說一些抱歉又不失體面的話，他想。

小唐衝過來，蛙人刀在他的臉龐砍下。

孟波的視野被蒙上眼前的血海掩埋。

一刀，一刀，孟波用手臂抵擋不住，強勁有力的右手掌接住迎空而落的刀刃，幾根手指被自己的握力截斷，連皮倒掛在殷紅的手掌上。

那殘損的手掌反射性地企圖握住手槍。

孟波來不及叫喊，他弓起的腰部被小唐騎跨在上，刀尖喳喳撲刺他堅韌的肌肉。

孟波感到自己化爲一灘黏溼的液體，沒有痛覺，沒有聽覺，沒有視覺。

他只後悔沒來得及拆開那封信。

在航向離島的黑水域中，那艘軍艦保持著孟波最後一個舵令的航行。

一聲槍響，被浪濤衝散成無聲的泡沫。

杜沙的女人

1

女人的眞相是什麼，這個問題永遠不會有任何結論。電視上那種無關緊要、不客氣地說全屬百無聊賴的兩性對談以及配對遊戲都不曾提供任何可靠的依據；關於獵豔指南種種的諸如《揭露女性芳心大動各種反應》或者《桃源縮水必是處女》之流近乎無品味的標題，恐怕也幫助不了一個愚蠢而怯懦的男人。對於以上提及的事務杜沙一貫嗤之以鼻。

杜沙一直堅信面相、手相不可能提供一個男人比他自己的感官更準確的情報，一個具體的女性時時刻刻更改自己的臉龐，她的指紋也會像漣漪一般因爲投石的角度、勁道以及石頭的體積、質量不同而轉變紋路。還有陰部。

杜沙對他的徒衆宣稱：

「當女性陰部接觸了她自己的指頭或者類似指頭的物體，」他豎起左手食指，在不同場合、不同的燈光下，這根食指顯現出不同的質感、光澤和長短。

「那麼，」杜沙盯住自己的食指：「女性的陰部就像是張合的鮑魚。」

2

當陰部受到壓力時，會出現一張表情豐富的臉。

這個世界上每一張臉都因爲壓力而產生表情。

大陰脣飽含脂肪，一左一右巧妙地吸收外來的壓力。當女人跨騎單車之刻，來自軀幹的體重和來自座墊的支撐全靠大陰脣的張縮和調停。

在接觸座墊的刹那，大陰脣神奇地變化她的形態，迅速吸收物質的震盪，疾速喪失厚度，悄悄向兩側分裂，敞開一道梭形的裂口，小陰脣在此刻露臉。

大腿肌肉和臀肌無時不刻暗自牽引著女陰的表情。當一個盛裝仕女面無表情地走過你們面前時，那隱藏在層層布料下的陰脣卻在潮溼而悶熱的黑暗中不斷變換著表情。

杜沙對他的徒衆們說：「大陰脣保護小陰脣、小陰脣拱衛著陰道，她們天賦的職掌使得她們如同上一個世紀的老派外交家，凡事嚴謹得很，簡直就是一絲不苟。」

講到這裡的時候，杜沙常常會停頓下來，如果恰巧有一位盛裝仕女面無表情地走過杜沙和杜沙徒衆所占據的檯面時，杜沙可以在一陣哄笑的空檔中以優雅的手勢端起塑膠質的咖啡杯淺嚐一口，半涼的曼特寧流宕在舌頭無數的味蕾上，滲入他乾澀的口腔。

當他的徒衆們因爲揣測咖啡屋中女性種種隱藏的表情而情不自禁地將那些想像的臉龐烙印在自己的臉龐之上，杜沙卻看見他的女人。

然而那個女人究竟能不能算得上「他的女人」，杜沙從來沒有考慮過，他直覺相信她是。那個女人曾經是個小女孩。

這是一句廢話。

但針對那個女人而言卻不是廢話。

因爲杜沙看見那個女人的初次，她仍然是個女孩。

「你**仍然**沒有爲我取名字哦，」女人在他的鬢角旁呼吸，而且玩弄著杜沙紮在腦後的小辮子。

杜沙的咖啡杯懸在半空中，不知下一個動作是將它磕回碟子上還是回到乾燥的下唇邊緣。

「你呀，再不理我，我就要走囉。」女人俏皮地用舌尖逗弄杜沙的耳垂。

咖啡杯裡，女人的側面魔幻湧現，這麼多年了她的脣永遠是那麼蒼白，倒映在黑黝黝的液體上更顯得詭譎。杜沙輕晃杯耳，咖啡的漩渦攪碎了女人的臉龐。

3

在高爾夫球場，杜沙一旦出現，其他人就開始收拾工具，因爲他每揮出一桿之前，都會繞著小白球前後端詳，然後徐徐掏出筆記簿，將球桿夾在腋窩間，筆套咬在齒縫，仔細地運算通向果嶺的揮桿角度。

然而這不過是杜沙多重性格中的一小部分。其實他深陷在胸腔中的焦慮感在那矯造的遲緩凝重中被自己壓縮得更深，這一切卻和女性們隱藏在褲檔內的表情一般高潮迭現。

杜沙對女性胴體的洞悉不僅僅因爲他職業性的需要，他的焦慮感促使自己無止盡地徘徊在不同的女體的凹陷與折疊之間。

性是一種互相卸除衣飾與面具的遊戲。

愛情，那麼愛情就是一種剝奪彼此人格的循環。

性和愛情有時糾纏混融，卻又在光陰的凝止中沉澱分離。

「所以，」杜沙在另一家燈火幽晦的咖啡屋裡對另一批徒衆發言：「幹我們這一行的不比音樂家，音樂家們關了燈作愛。」桌面上是一本攤開的《吳菁寫眞集》。

杜沙依舊採取他小幅度的雞尾酒手勢，在薄泛紫氣的室內，他看見鏡牆上自己變形的臉龐，一撮黑髮斜斜傾瀉在前突的額角，兩道懸針紋在眉心中穿梭。

「因爲他們必須模仿盲人，讓自己的視覺幽閉，」杜沙感到食道的不舒適，輕輕呑嚥下曼特寧殘味的唾液。

「在黑闇中聽覺的空間會突然擴張開來，任何細微的聲響都精密地鏤刻下來。」

杜沙眼前的徒衆們個個專注聆聽，他感覺對面的鏡牆正以迅雷不及掩耳的速度疾疾後退。

鏡牆攜帶杜沙的臉退卻，悄悄龜裂。

杜沙的臉被支離破碎的稜鏡嗶剝分割，一道道神祕的閃光繼續將畫面切開，終於在視線不可及的遠方整面鏡牆蓬散如霧，化爲紫氣。

然後他聽聞自己的聲音：「但是幹我們這一行的必須打開燈光作愛，」杜沙的指尖伸進白西裝的內袋，摸索著膠囊。

「……我們要分辨出一個女人任何一個部分的表情，記得你們全得要記得，眞正成功的人像攝影師必須要在靜態的相紙上呈現出光、色、動感、聲音以及模特兒的表情，眞正的表情。」（膠囊呢？我的膠囊？）

杜沙自內袋掏出，白色的手帕，粗拙地擦拭乾燥的脣，他不斷用舌尖沾濡著因乾裂而垂直劃開的血痕，唾液無聲無息地蒸發。

那女人又出現在杜沙頸後，輕輕呼氣。

「杜老師，你和每一個模特兒作愛嗎？」

一個大膽的問題。

杜沙將手帕按在紫色的桌巾上，他刻意壓抑自己濁重的呼吸，腦海中波濤洶湧，他的視線再度穿越徒衆們黑闇的形體，鏡牆仍然矗立在原來的位置，左右倒反地映現午後沉悶的桌椅和玻璃自動門外流動不居的街景。

一顆膠囊自鏡牆中的自動門前懸浮著，面對杜沙做出嘲諷而輕蔑的旋轉，紅、白、紅、白，紅白紅白膠囊兩頭截然區隔的紅白兩色不止息地交替位置。

「我要名字囉。」女人蒼白低喚。

(你和每一個模特兒作愛嗎？)

「名字，我的人啊我要名字。」

「嗯，」杜沙的聲音和他的唇一樣乾燥，「我征服她們，只要鏡頭就夠了。」

(就夠了。)

無數膠囊在那面鏡牆的畫面盤桓；座椅在地毯上往後滑移，撞開女人的耳語，杜沙站起來，環視他眼前的徒衆，他們沉澱在他們的軀殼中。然後杜沙穿越桌子與桌子之間不規則的空隙，趨近那面奇異的鏡牆。

他的右手揷進那光滑似水的鏡面。

膠囊在漣漪的擴散中一粒粒被推擠到遠方，如同飄失的隕石群。

4

四十五度的自然光擁有魔術般的力量。

所有的建築和靜物在四十五度的自然光掩映下顯現出逼眞的質感，這時攝影師只需要有一雙不會顫抖的手，以及一架性能良好的單眼相機；如果他的手已經顫抖得不聽使喚，那麼一副不銹鋼腳架化解了這項危機。他需要的是等待，在找尋到自己的位置以後，他只需要等待光的正確位置。

但是人像攝影師，尤其像杜沙這樣的藝術家，他從不等待，因爲四十五度的自然光是死亡的光，他要捕捉，捕捉光的表情，光的表情和女體各部分浪濤般起伏的表情將不停地交媾，以各種姿勢、體位與節奏。

快門。咔擦。

快門是高潮的刹那，陰核般的快門清脆地激昂起G點。快門。G。

杜沙的KADETT 1600在子夜的道路上加速，風阻零點三，白色烤漆緊緊包裹著雙面鍍鋅鋼板。一排排高大的喬木樹影傾洩在上坡路迂迴的擋風玻璃。鹵素燈將眼前的道路刷洗得透亮。十二時。山腳下碎鑽般的城市邊緣隱現在道沿的石垛間。吳菁坐在他的右側。

「怕嗎？」杜沙斜睨他的模特兒一眼。

「嘻，」吳菁咧開她瀏亮的唇，那奇異的少女光澤在未著粧的面頰漾開，「大不了。」

杜沙湧起被輕視的抽痛。「工作是非常神聖的。」他說。身旁的吳菁仍然戴著那張洋溢青春氣息的面具。杜沙右臂逆時針迴轉方向盤。「大不了給你。」車身劃開弧度。喬木墨色的騷響在白色的烤漆上擊打出溫暖的聲音。潔白的犬牙。短髮。吳菁鼓脹而緊繃的橄欖色風衣。「可是妳說的。」杜沙反擊。後視鏡。分道線。「我該崇拜你的相機還是你的辮子。」剛剛甦醒的夜，「妳相信，妳相信我喜歡妳。」吳菁不安的膝蓋。迴轉。飛掠的不知名的光和撞上擋風玻璃的不知名昆蟲。「你有很多學生。」「不，我只是擁有許多聽衆。」「我也算。」上坡。吳菁的體溫。「妳不算，我只聽妳說。」「說愛你？」「妳有很多時間。」道路在後視鏡中扭攪如銹蝕的鐵絲，被鏡面深處一隻無形的手拖曳著。「我只認識你四十五分鐘。」「是四十七分鐘。」「杜先生？」「叫我老杜。」「叫辮子更親切。」「那也可。」後視鏡。後視鏡中出現第三對瞳孔。是她。她在後座聆聽杜沙和吳菁對話。「如果後座有人妳怕不怕。」「我親愛的辮子我怕。」「妳還在笑。」「也許我裝的。」減速。煞車。輪胎尖嘯。

「我想我們到了。」杜沙淡淡說。

5

關於後視鏡中的女人，杜沙仍然沒有替她想出名字。

他認識她的時候她仍然是個小女孩。

少年杜沙那年初一。

在城市邊緣的垃圾山上，杜沙度過他不明白何謂自卑的童年。

有時候他深深相信另一個自己永遠活在童年中。

腐敗惡臭的河畔，油汙的氣泡安詳地積滿在死狗的周遭，但是除非誰家就坐落在垃圾山附近用甘蔗板和朽木搭蓋的違章建築，否則是不會瞭解一個男孩是如何視那堆連綿的垃圾丘陵爲寶藏的地域的。

杜沙的少年時期甚至認爲整座都市不過是垃圾山的附屬品。偶爾有鴿子成群飛掠蔚藍的天空，野貓們蹲在廢棄的汽油桶旁撿食，常常因爲被野狗疾速接近的吠聲驚嚇得輕盈縱上層層疊疊的拱丘上。

那是一個考驗嗅覺和視覺的宇宙。

沉悶的午後，遠方小徑上難得傳來三輪車伕匆匆踩動踏板的聲響。一切都靜止下來，安謐得透出一股令人難以忍受的恐懼，來自孤寂的恐懼。

整座城市的排泄物，無機體的骨骸堆積在腐葉和爛泥的熏風中。蟲蟻默默在塑膠、鋼鐵、敗壞的食物和廢棄的家具間繼繼繩繩地竄動。

垃圾山是一客超級的醜惡聖代，貪婪地塡塞河道右側，不斷增高、擴充領域，在單調的景觀下孕育被人類遺棄的王國。

杜沙自幼穿梭在此。他尋找著五顏六色的夢，尋找著汽水瓶、壓扁的鐵蓋，有時他也能尋找到不甚圓渾的玻璃彈珠，日復一日他和鄰舍的孩子們全以這大似無邊無際的垃圾山脈做爲精神的依靠。

更大一些的時候，他們只剩下男孩的夥伴們，他們找到更幽深的角落，幾個男孩脫下褲子，研究著那生理上的神奇進展；即使他們偶然彼此撫摩並嚐到初度的亢奮，或以射精的距離逞強鬥狠，但那也和同性戀扯不上太大關係，僅僅是被某種敬畏的好奇心所趨使而藉以做爲表達友誼的手段罷了。

杜沙的童年培養出他辨識色彩和細微物件的能力。他常常在尋獲一個古怪的機械零件而感到四周的垃圾堆都噴湧出燦爛而散溢濁惡嗅覺的彩虹，一道道交織成巨大的穹頂。

初一那年唯一值得記憶的兩樁大事之一，是杜沙撿到一台報廢的老相機，它的皮套撕裂開來，整個鏡頭都扭曲變形，但是杜沙仍然視爲珍寶，一整個寒假他都斜揹在胸前，假設自己正在物色一張底片所應該鍾情的內容。

第二樁是那個女人的孩提。

6

杜沙的右臂整個陷進了水波蕩漾的鏡面，他顫抖的食指和中指在那個左右相反的宇宙中試圖夾住任何一粒旋轉中的膠囊，他的臉龐隨著肩膀的傾斜也逐漸浸入鏡牆。

他的徒衆們似乎遺忘了他的存在。

他們瞠視著《吳菁寫眞集》中的圖片，回憶起杜沙剛才告訴他們的話：「你們看不見恥部，不過你們也看見了。」

短髮女郎吳菁全裸的跨頁彩色照，攤平在紫色的桌布上，她踡捲起面對攝影機的那隻大腿，遮蓋住恥毛叢密的隆丘，但是那陰部豐富的表情卻彷彿高爾夫球躍上果嶺一般經由全身的每一個部分湧現出來。

杜沙的中指終於觸碰到一粒膠囊，但是在他抓住那粒膠囊之刻，杜沙的身軀已完全栽入那面左右相反的鏡牆之中。杜沙站起來，在這邊的世界，他的徒衆們正掀開另一頁：

吳菁身披香檳色薄紗，衣袂飄揚間粉紅色的乳暈隱現光澤，纖細而挺俏的睫毛在書頁中顯現眨動的幻覺。

7

吳菁身披香檳色薄紗，站在大風扇之前任杜沙移換角度，毫不放鬆地扣住快門不放，相機的小馬達咔嚓咔嚓帶動底片。

杜沙位居市郊山腰上的三層透天別墅亮開一排落地窗，那個無名姓的女子倒懸在窗口靜觀杜沙和吳菁的演出，長髮隨山嵐吹拂如雀屏展舞。

杜沙走近吳菁身側，輕輕扯下她的薄紗。吳菁的身軀飄逸揮發出一股複雜的香氛，乳暈如冰糖般凝練而滑膩的甜香、腋窩有股淡淡的酸酪味，汗汁的鹽與下體如金桔葉般的氣息。

杜沙逗弄著短髮女郎的乳頭，徐徐自襯衫口袋掏出兩粒膠囊。

8

初一那一個寒假，瘦弱又剔了光頭的杜沙躲在一堆家具和油桶的縫隙間。

他目睹一個工人模樣的壯漢牽著一個六、七歲，著粉紅色蕾絲洋裝，外罩紫色毛線衣的小女孩走進熏臭的垃圾堆深處。

男人和善地蹲下來，露出捲起的舊夾克的手臂那黑褐色的皮膚被冬日的太陽照射得閃閃發金。他在小女孩耳際溫柔低語，從汙漬的後褲袋中掏出一盒紙殼被壓得綯裂的白雪公主泡泡糖，太陽臉的女孩遲疑地接過扁薄的糖盒，她笨拙地打開名片大小的盒子，抽出一張卡片，正當她被畫片吸引的剎那，男人抱住她的腰，粗糙的大手掌敏捷地竄入裙襬內部。

女孩突然尖叫，淒厲的叫聲震響空蕩蕩的天空。

杜沙竟然同情起那個男人，他手足無措地試圖撫慰女孩，但尖叫之後繼而號哭持續著，她的指尖似乎抓傷了男人的眼睛。

低聲咆哮的男人摀住女孩的嘴，控制不住地擊打她的頸部，將她小巧的軀體壓倒在腐爛濁臭的汙泥中，毛衣扯落，粉紅色洋裝被一條條撕開。

杜沙感到自己的下體莫名地興奮起來，他緊緊地抓住一塊潮溼的破床板，腐爛的木屑嵌進指甲的縫隙。

……男人繼續扼住女孩的脖子，幾近赤裸的身軀不再掙扎，他翻過女孩的身軀，殘酷地讓那張太陽般的臉摩擦地面，抬起她的臀部，清除魚鱗般褪下她殘存而破損的內褲。

杜沙眼睜睜看男人拉開自己的長褲拉鍊。

那暴戾而急促的節拍。

一個塑膠袋啪啪滾過杜沙和以跪姿進行侵略暴行的男人之間，那不過是十呎的距離。

所有可飄動的垃圾都悄悄伸展翅膀，在一陣寒風的搖撼下紛紛起飛、滑翔。

9

杜沙進入吳菁柔軟溫潤而極富彈性的膣內。他將短髮的吳菁一寸寸撫摩成那長髮而尚未命名的女人。

他深深愛著她，喘息著說我愛妳。

「我要名字，」她依舊是那麼地鎮定而冷靜，堅持她唯一的訴求。

「妳沒有名字，妳一旦有了名字……，」杜沙的辮子披散開來，搖頭說：「我，我就失去妳。」

10

在男人猥瑣地遁走後，杜沙靜靜走近仰臥的女孩。

以一種印度舞蹈般的姿勢讓四肢的舞蹈停頓在地面，她在泥濘中甜蜜安睡的臉龐如同太陽般圓渾，停止起伏的胸膛突露著肋骨的痕跡，兩粒花生大小的乳頭彷彿抗議什麼，在平坦而布滿汙漬的胸前硬挺著。潔白得像虎口般的下體裸裎在杜沙顫動的心靈前。

他著魔般地愛上她，他突然被電擊般感受愛情。

他進入她不再呼吸、餘溫漸冷的身體。

從此她就永遠跟隨著杜沙，而且不斷地成長，發育，每次出現都不忘向杜沙追索永遠得不到的名字。

但是這些往事以及現存的事實，杜沙也永遠不會公諸於他的徒衆，無論是在鏡牆的這一邊或者那一邊。無論在鏡面的哪一邊。「杜沙的她」一貫縱容杜沙和每一個模特兒外遇，有時「她」進入她的體內，有時「她」進入他。

遊行

杜沙仰頭，嘴脣簇合成一個緊縮的窟窿，徐徐吐出一個個煙圈，不穩定的、縹緲的、紋路迴旋的煙圈一個接一個向前推進。它們顛躓移動，直到後面的撞上前面的。

「你沒有刮鬍子。」易新居盯著他表哥的臉，那張不急不徐地吐出煙圈的臉，鬍渣子密布在嘴脣的四周，並且以美妙的姿態向兩鬢延伸。不知怎麼的，易新居聯想到女人的恥部。

杜沙半瞇著眼，最後一個悄悄脫離嘴脣的煙圈又被他吸回，轉換成一道長勁有力的霧柱，慢慢瀰散在易新居面前。易新居面前是杜沙隱現在煙霧間的晦闇笑容，那張笑容背後是一扇巨大的落地窗，周沿攀爬著人造藤蔓。

易新居有種奇異的感覺，他總覺得今天下午在這家咖啡屋偶遇的杜沙表哥彷彿吸收了室內全部的黑闇。

杜沙的瞳孔閃爍幽光，像是一隻驚醒的貓頭鷹在樹葉和樹葉的間隙攝取黑夜的動靜。他身後的玻璃窗仍然殘留著清潔工擦拭的弧型痕跡，一堆堆人群擎舉著標語緩緩前進，易新居可以隱然聽到喧嘩的聲音，那些遊行的群衆在藤蔓所框限的玻璃窗面雜沓地通過。

如果不是這場遊行，易新居再過三年也不見得碰得到杜沙。杜沙爲了避開群衆，臨時進入這條街上唯一開張的咖啡店，當然，他無法趕赴一個約會。

易新居的理由恰好相反，他是一個對女人守時的男人，但是他的女人卻沒有赴約。韋瓦第的《四季小提琴協奏曲》迴盪在咖啡室內，獨奏小提琴和含有數字低音的弦樂五部合奏，兩者輪替，易新居感到一種盤旋、遲滯的無奈。

他再度將目光自杜沙晦闇的眉宇間移動，轉頭望向後方，一面鏡牆反映著整個空間，一張張覆上蘇格蘭條紋布的方桌整整齊齊地排列在那面誠實的鏡牆中。易新居原本想招呼老板再送一份曼特寧，但是他只看見自己和杜沙剪影一般的形象。

鏡牆將狹小的咖啡室放大了一倍，形成具備縱深的空間感，而杜沙背後的落地窗連同移動的遊行隊伍，在鏡面中被縮小了，像是一個遙遠、迷幻的出口，亮澄澄地懸掛在盡頭。

「老板剛才還在，」易新居挪回視線，望著杜沙：「只剩我們兩個了。」

「也許，」杜沙拉出右手腕上的橡皮圈，接著雙手搔撥著他散披在肩膀上的黑髮，輕巧地紮起一道辮子，啣在口中的雪茄墜落一截灰燼；他用唇縫發音，像是把話頭嚼爛在口腔般的音調：「也許，孤獨的老板走進鏡子裡頭，跟著那些遊行的傢伙一起走了。」

「不愧是藝術家，」易新居的左手食指扣住乾涸的咖啡杯，杯盤之際發散嘰嘎的顫音：

「我說表哥，這些年來你的沙龍攝影身價越來越高，說起話來也越來越奇了。」

「是嗎？」杜沙遞過來一支雪茄：「安非他命可以戒，煙不能戒嗎？」

「什麼安非他命，原來就沒聽過的。退伍三個月了，也沒動過煙這玩意。」易新居搖搖頭：「我是怕死，董氏基金會的電視廣告至少拯救了我一個人，何況是在這個煙槍人人喊打的世紀末？」

杜沙乾笑一聲，熄滅了手上的煙，把他原本心甘情願、慷慨施捨的那支雪茄用打火機來回烤了幾圈。

「有些事情就是這麼一回事，」易新居看著杯底，一灘半凝固的咖啡液體覆蓋在上：「如果你是老板，想要去狩獵，只消對著山谷呼喚野獸們的名字，他們就會跑到你的面前引頸就戮；如果你不是老板，只要抽一支煙，就會被一對對充滿仇恨的白眼圍剿。」

「來點情緒，」杜沙咬開雪茄葉，點火，幾股青煙分別竄出齒縫和鼻孔：「使得我們更具人性。」

杜沙猛吸一口雪茄，接著說：「每一個人都有他自己抵抗世界的一套模式。」

「我決定出國唸書。」易新居瞥見幾幅黑底白漆的長型標語打橫通過。

他們紊亂的脚步聲和模糊的脚印，能不能夠保存到今夜？川流的群衆莫名其妙地刺傷了易新居的自尊心。

杜沙皮笑肉不笑，面頰肌肉勉強牽動著：「看看也好，到美國去？可以幫我帶一封信給ET嗎？」

「表哥你認爲不妥？」

「NO，NO，」杜沙的雙眉高高吊起，兩肩凸聳，攤手表示無辜：「不過我不會去送你，」杜沙喊著易新居的小名：「小石頭，理由很簡單，有一天送機和送船的比上機和上船的還要多，那麼總統又得在電視上演講了。」

易新居第一次發自內心地笑了出來，他有些不能自制，聲音抖動、間雜著穿出鼻腔的笑聲：「呵呵，表哥我說，呵呵呵，我不相信你這種人，呵呵，竟然會關心起總統來……」

「你一定沒有聽過舊妻換新妻的故事，」杜沙摸摸下頷的鬍渣子：「有一天，小鎮上來了一個商人，大聲吆喝著『舊妻換新妻』、『舊妻換新妻』，他後面跟著一車車裝載美女的篷車。」

易新居笑得腹部一陣痙攣，但是杜沙繼續冷靜地說下去：

「……全部衝出去把老婆給換掉了，所有的男人都無法抵抗廿四K金的新妻，除了一個可憐的男人，他和他的老婆成爲鎮上的罪惡，他們每天晚上都睡不著，因爲所有的男人都在搞他們的新妻，整個小鎮像是地震一般，星星都震落了下來。」

易新居的笑聲停止，杜沙背後的街景仍然混雜，有些人往後退，有些人反而持續前進。

杜沙不知道有沒有注意到易新居身後那面鏡牆上的街景，他專注地說完他的故事：「那個不願換妻的男人成爲衆人嘲笑的對象，甚至，」杜沙誇張地前俯，把他臉上的黑闇推向易新居：「就連那個碩果僅存的舊妻也不斷抱怨著，那個舊妻說：『你沒有把我換掉，我一輩子都恨你！』有趣吧？」

杜沙自己忍不住悶笑了幾聲，但易新居惡意地認定了杜沙語帶惡意，他相信自己只是一時沒有弄懂這位面目可憎的前衛藝術家究竟要說些什麼。

「可是，」杜沙說：「所有的新妻不久就開始生銹了，全身的鍍金都剝落了下來，一個個都暴露出鐵銹斑斑的眞面目，她們是二手、三手、千百手轉來轉去的古董，所有的男人都開始懷念那些被裝箱運走的舊妻，」他搖搖頭：「可是，舊妻已經被商人拿去再製新妻了。」

易新居摸摸鼻翅：「這故事是抄襲的，毫無創意。」

杜沙輕咳一聲：「沒錯，是抄襲的，你我的一生的答案，重點在這裡，小石頭你懂不懂。」碰一聲，有人撞上那片落地窗，杜沙一震，煙灰散落一桌，易新居感受到杜沙那句話的玄機，一切人類的歷史都是抄襲來的，重點不在於誰抄襲誰、誰被誰抄襲，重點在於結果，你可以提供一個抄襲的故事一個全新品種的強烈壓迫感。

「他們就在你的背後，」易新居說：「你連頭也不回，你眞的是一個藝術家嗎？」

「我是那個不換舊妻的男人，」杜沙沒有回頭：「我不準備參加誰那一邊，我只是堅持我自己的判斷。」

「沒有立場，」易新居冷笑：「當大家都在狂歡的時候，不換舊妻的男人和他的舊妻都被人鄙視，可一旦眞相大白的日子來臨，他又被那些失意的男人所妒忌，那麼不換舊妻的男人就永遠成爲一個錯誤的示範。」

「如果指的是窗外的噪音，你和我一樣，」杜沙拔下一根鬍子，毛孔滲出血珠：「我們都有我們自己的看法，沒有辦法見到該見的人，並不是太大的事，我們相遇得不是時候，不過又很難說，也許這一生我們再也不會相遇。」

易新居感到迷惘：「我該去看你的攝影展。」

「已經結束很久了。」杜沙眨眨眼，在夾克內袋摸索了一陣子掏出一顆膠囊，用殘存的開水送服。

「感冒了？」易新居禮貌性地詢問。

杜沙搖搖頭，他的眼神有些呆滯，沙啞地說：「我們只能坐在這裡，靜靜地等。」

「也許我們得換個桌子，」易新居說：「冷不妨砸個磚頭進來就會弄傷你的背。」

「無所謂的，」杜沙抬頭，空洞地看著他的表弟：「外頭不是幾千人，外頭只有一個人，眞的，他們全都加起來也只有一個人，只有脫離了隊伍，一個人才能還原到一個人的意志裡面。」

「你可怕的想法，」易新居的聲調提高了許多：「更堅定了我離開這裡，離開這座精神病院一般的城市。」

「不要被窗外的人挫折了，不必相信他們也不必不相信，」杜沙的聲音低沉地深入韋瓦第的音樂中：「有沒有遊行都無所謂，全世界的城市都是不同招牌的精神病院。」

「不舒服？」易新居注意到杜沙的倦態：「你不對勁了。」

杜沙喝醉了一般，拎起一包沙糖，撕裂一角，在桌面撒下一道白色的痕跡。

「我們仍然在他們之中，」杜沙的聲音像是被烤軟的音符：「小石頭，你能在這些白色的顆粒中找到你自己嗎？」

他繼續低吟，不再在意易新居的反應：「半年多以前，我在一座高樓的頂層架設了一具攝影機，用長鏡頭捕捉遊行隊伍，那一次流行的是白底紅字，還有白色的頭巾，在十七層的高度上，他們就像是這些砂糖的樣子，慢慢地流動，愈聚愈多，然後我連拍了三個小時的膠捲，然後我害怕了，因爲我站在上頭的時候，發現自己以爲自己是上帝，人類的憤怒不過是這樣遇水即溶的白色結晶。」

杜沙的眼眶中廻繞著淚光：「然後然後，然後我發現我得先找回自己，我希望不變成那些顆粒，一模一樣的顆粒，有一天我會找到我的方法。」

易新居淡淡說：「我突然懂了，你的方法是那顆膠囊，一顆接著一顆的膠囊，你被那些膠囊害成了這副德性。」

「這是兩回事，」杜沙俯下額頭，翹起腦後的辮子：「我總是有幻聽和幻視的毛病，膠囊的藥性可以幫助我。」

「幫助你相信那些幻聽和幻視是眞的？」易新居用左手食指抵住杜沙的額頭：「有一天，我會用你的榜樣，嘿嘿，用你的榜樣教導我未來的兒子，我會告訴他不要去搞藝術、不要像你一樣藉著搞藝術去搞女人。」

「錯了，小石頭，」杜沙拍開易新居的手指，把雪茄煙頭按在桌布上，一陣焦味昂揚起來：「不是像你想像那樣，至少我比你淸醒，你連什麼是幻什麼是眞都弄不淸楚……」

匡啷巨響打斷了兩人的對話。

易新居看見玻璃的稜角飛散在杜沙的身後，一塊磚頭跌進室內的紅色地毯上，街道上的聲音瞬間瓦解了室內韋瓦第的《四季》，憤怒而亢奮的遊行隊伍大聲朗誦著政治口號，那龐大的音量猶如決堤的洪水般，從粉碎的落地窗湧進黑暗的室內。

白蘭氏雞精

1

方倪葛(Kurt Vonnegut, Jr.)曾經談論過美國的鈔票。他呼籲美國人應該研究研究他們的鈔票，從鈔票上可以找到一些線索藉以理解自己的祖國。當然，如果你手邊正好有一張美鈔一元，在華盛頓頭像的反面左側，你可以在一堆奇形怪狀的花紋間找到一幅圖，圖中是一座截去頂端的金字塔，塔頂三角線框中有一只發光的右眼，塔的底部有一行羅馬數字「MDCCLXXVI」，就像這樣：

根據方倪葛的說法，這個圖形「連美國總統也不知道是什麼意思，彷彿這個國家藉此向它的公民們宣告：無聊就是力量。」

說到方倪葛令我想到六〇年代的美國，據說六〇年代被那個國家的知識分子稱爲「可恥的十年」，而方倪葛在那段期間是非常熱衷於塗鴉的，喜歡用毛筆劃肛門，他畫的肛門有些像米羅(Joan Miró)在畫布上的「米」字形簽名，此外他也爲自己的小說畫了一些內褲做爲插圖。

方倪葛崛起的六〇年代美國讓我想到九〇年代的台灣。方倪葛本人令我想到我自己。譬如，他說了一些眞正不太中聽的話，他告訴美國人，在「人類」發現新大陸的「一四九二年」，其實「新大陸」已有千百萬人居住在那裡，登陸在一四九二年的只是一群海盜，他們的任務是詐欺、掠奪和屠殺。

我想，站立在紐約的自由女神像，她高高擎舉的只可能是蛋捲冰淇淋或者是裝置在木柄上一團燃燒的糞便，至於這個玩意兒是不是能夠象徵自由，可眞不容輕易論斷。

我們台灣人對於立碑的興趣特別高，這一點可以彌補沒有自由女神像的遺憾，畢竟我們的教科書和媒體上的鬼扯佛說都已經足以建立一百個紙糊的政府，弄些高高矮矮的紀念碑，恰好做爲這個時代的紀念。更重要的是，紀念碑發揮了大頭針的功效，如果不多插幾枚大頭針，地圖上的台灣恐怕就會給洋流沖到南極去觀賞極光了。

2

截至今天爲止，方倪葛還不認識我易某人，當然也不認識我認識的台北市民杜蘭，這種情況對我們三個人而言都是一樁幸運的事。

生活在捷運系統永遠無法完成的台北，除了鈔票上的偉人可以把臉貼在一起還相安無事，任何人不被任何人猜忌那才是奇聞；所謂「禮儀之邦」的意思，就是在這種互相猜忌的情況下仍然保有關愛笨蛋的眼神和肝膽相照的口惠。面值一百元的鈔票上孫中山板著面孔，而面值十倍的千元鈔票上蔣介石附贈溫柔的微笑，這絕對不是巧合。

捷運系統當然是無法完成的，任何交通建設完工的時刻恰好總是趕上飽和的時機，在半夜潛入保險套工廠悄悄找出兩打保險套一個個用針刺穿小孔的砂石車司機，他的理由是當天早上他一口氣撞死了二十四個不過天橋（因爲當地沒有天橋）的小學生。在這個世界上人人都是無辜的，而且至少保有足以讓微量天平稍稍傾斜的責任感。

總是在搞交通，這表示我們多少抱著一點熱情。

六天前傍晚杜蘭從辦公室出發，駕駛著他的撒哈拉金屬色(Sahara metallic)的Passat CL到忠孝東路六段，五公里路程，總共花了兩個小時又三十五分，其中在途一個小時又九分，尋找停車位花費了一個小時又二十一分，剩下五分鐘是用來清除塞車時一隻不知趣的蜘蛛在他的手臂和方向盤間紡織的蛛網。

回到忠孝東路六段一條小巷中的五層樓公寓，杜蘭接到一封「幸運信」，上面說明他必須在三日內影印或謄寫二十份寄給二十個朋友，否則禍延三代、絕子絕孫。

我猜發送這封「幸運信」的人如果不是直選派新科國大代表，那麼一定是杜蘭的辦公室同僚。

杜蘭是浙江移民第二代，他很清楚他的名字用閩南語發音（據說這種語言又叫做「鶴佬話」、「河洛話」、「唬老話」、「福建台灣話」、「台灣福建話」、「台灣話」、「大聲講出愛台灣的話」），「杜」字改念北京話「圍堵」的「堵」音，「蘭」字改念陰平，那麼這個詞彙的意思呢，就是用什麼東西去戳男人陰部（共計三件），引伸義是「很幹」。各位客家、山地、外省籍讀者請試念一次：dǔ-lan。

幫杜蘭取名字的老爸不懂閩南語，也忘了怎麼講浙江南部的土話，所以基本上他一直以爲幫他的兒子取了一個好名字。直到杜蘭進了小學以後，就發現自己的名字被叫成dǔ-lan，這時他開始懂得dǔ-lan的多重詞性：

他就是那個綽號dǔ-lan的清國奴。——**名詞**

李老猴長得一幅dǔ-lan相。——**形容詞**

Dǔ-lan！老子不教示你不成。——**動詞**

你再這樣dǔ-lan，我就不跟你上床囉。——**動名詞**

如果杜蘭在火車上碰到一群拿木棍和菜刀的革命同志用閩南語發問：

「MDCCLXXVI？」【編按：這行不知所云的符號也出現在方倪葛所指出的美鈔上金字塔底部。】

聰明的杜蘭該怎麼回答呢？

(A)用結結巴巴的閩南話說：「我是……正港台……台灣郎。」然後當場被打死。

(B)裝啞巴，下場同(A)。

(C)用唯一流利的一句閩南語：「dǔ-lan！」頂回去，這時他會因爲反革命而被「頁斷」大腿。

(D)回答：「すれのそうこくにほんよ！」（俺の祖國日本よ！）因爲對方也如同聽到MDCCLXXVI的效應，所以就放過了他。

3

接下來我們得回到那封未署名的「幸運信」上頭。

杜蘭告訴我，他的公司從來就沒有省籍問題，因爲那是一家外省人公司：這眞令人欣慰，因爲復興企業公司中每六張合併在一起的辦公桌組合，其中任何一名乘客（如果公司可以比喩成火車的話）都在猜忌其他五個人，而這六個人個個又都猜忌別的辦公桌組合中的另外六個人，而不坐在七排辦公桌組合中的公司總裁猜忌全公司四十二名員工。

杜蘭懷疑「幸運信」是四十二人中任何一個用來觸他霉頭的。搞不好還是他們聯合起來對他進行心理戰。

「門神打灶神，自己人打自己人嘛。」我在電話的另一頭調侃他。

「我忘了把那封信複印二十份了，」杜蘭懊惱得不得了：「如果要從公司裡的四十二個同事裡挑出最令人討厭的二十個，實在是太困難了，因爲任何一個落選者永遠比任何一個當選者看起來更可惡。」

「這只是一個遊戲，」我說：「難說不會帶給你什麼幸運？別老是杞人憂天。」

「新居大哥你有所不知，我祖父突然病危……」杜蘭的聲音裡充滿焦慮感：「我想這是沒寄出『幸運信』的詛咒應驗了。」

4

如果不是爲了買那半打白蘭氏雞精，我就不會差了三十秒沒跳上四點四十分的那輛公車，這樁悲劇使得我到達杜蘭家巷口那家廢車場的時候，已經天黑了。

方倪葛說：膚色就是一切。

杜蘭則相信：語言就是一切。

當我搖搖擺擺地走進路燈一明一滅的窄巷時，卻意外地發現：交通就是一切。

5

杜蘭在五樓的木板門口探出頭來，還邊擦揉著紅腫的眼睛：「你帶禮物來了？」

我點點頭，用痠痲的右臂舉高尼龍繩捆綁的半打裝綠盒。

「祖父已經斷氣了。」杜蘭推開木板門，走出來帶我爬上頂樓，頂樓有一間加蓋違建，大概有十坪大小吧，黑壓壓地像一隻乾死在曠野的小鯨魚。周圍零散地堆放著破裂的花盆，一排蛇木板規則地掛在建築的鐵皮牆壁上，枯萎的蘭花葉脈在銀色的月光下彷彿乾涸的嘔吐物。

我們走進小鯨魚的肚子裡，看見杜蘭的祖父僵直地躺在那裡，這老人的身軀巨大得可怕，整整有三公尺長，而且他的右半身是用各種金屬機件拼裝起來的，有些都已經生銹腐蝕了。老人的右眼圓睜著，令我想起美鈔上金字塔尖的那顆眼睛。

「我和我父親兩代維修我的祖父已經四十幾年了，可是，明天早晨我就不能用潤滑油拌稀飯給他吃了……」杜蘭痛哭失聲。

我想這樣也好，杜蘭可以暫時忘記辦公室裡發生的種種黑色喜劇，我扶著他顫抖的肩膀，回到五樓客廳。

杜蘭平靜下來以後，我們攤開台北市地圖，思考如何把老人巨大的遺體運到最接近的垃圾掩埋場。

雖然還沒有結論，談著談著，我們就把半打雞精都給喝光了。

巨蛋商業設計股份有限公司

我的辦公室窗外是仁愛路四段上一整排特大號的墓碑。我指的是那一整排玻璃帷幕大廈怎麼看都令人感到一股陰森森的感覺；也許是窗玻璃的顏色太深，也許是台北的空氣太髒，也許是我的眼珠子有問題。

據說，大氣層中平流層的臭氧層破裂了；地球花了四十六億年才創造出來的臭氧層，在離地表一萬到五萬公尺的平流層中，吸收了大部分的紫外線，臭氧層的破裂意味著破壞生物體內DNA的紫外線不久就會消滅一切的生物……據說，破壞臭氧層的元凶就是噴霧劑中的氟氯碳化物。不錯，就是氧化氮、氟氯烷等等氟氯碳化物，這些壓縮在罐裝噴霧器中的玩藝兒正促進人類的滅亡大業；每天使用的整髮劑、髮膠、唱片清潔劑，就是這些日常生活的瓶瓶罐罐，即將把我們的後代子孫一股腦兒噴進了永遠不會客滿的天堂。

爲了那種流行得禽不禽、獸不獸的髮型，把人類的前途給斷送了，這值得嗎？絕對值得，因爲養我、育我的企業集團全得靠這些瓶瓶罐罐堆砌起來；至於後代子孫嘛，套一句非常阿

Q的俗話：「兒孫自有兒孫福！」像小安那樣的孽子，我早已經放棄他了。

在辦公室中的時光，進行得非常緩慢，似乎每一個人都在專注地工作，然而他們眞的在專注地工作嗎？其實，和我同一排辦公桌組合的其餘五個傢伙都在默默觀察除了自己之外的其餘五個傢伙。這一切都發生在八坪大小的隔間裡頭；在隔間外的門口掛著「**設計部**」的銅牌。

我們這六個人都在覬覦著空下來的第七張辦公桌，那是設計部主任的位置，已經空懸了個把月；自從王主任被對面大廈的鋼威公司挖角之後，這間辦公室剩下的六個人就被一種奇異的情緒籠罩著，彷彿每個人身上都有五道看不見的鋼絲聯繫在其餘五個人身上，任何一個人站起來端一杯水，或者伸手接電話，都會扯動其餘五個人全身的神經。

因爲我們這六個人名片上的抬頭，都是：

巨蛋商業設計股份有限公司

設計部副主任A

我們原來那個總是一跛一跛地拖動金屬製的右腳的王主任，目前已經搬遷到對街那棟大廈去了，鋼威公司巨大的圓形圖騰正好盯住我們的窗口，這使我想到王主任的左眼；據說那顆左眼是人造玻璃珠，雖然沒有人願意向他本人求證。我一直懷疑那顆眼珠中裝置著一具精巧的微型攝影機，每次我低著頭在繪製設計圖的時候，就感到那顆眼珠子正在沙沙溜轉，一格一格地偷偷拍攝下我的設計草圖。

王主任四十五天前離開了我們的公司，從此那顆光溜溜的禿頭不再出現在第七張桌子後面，他那隻義腿在地毯上拖動的聲音也不再出現了；坐在我對面的杜蘭低聲說了一句：「搞不好那禿子就是鋼威派來的產業間諜。」

其實，在坐的六個副主任誰都有嫌疑，如果隔街的鋼威可以派一個禿子裝上假眼睛潛伏在這間辦公室內，那麼其他公司也不可能沒想到這種點子，從復興企業跳槽過來的杜蘭特別可疑，他的鼻子可能整過型，李紹的人工心臟可能根本是一具竊聽器，楊超、尤碧蘭和兔唇的李飛騰全都有足以令人感到納悶的癖好；至於我自己，本來我相信自己絕對是忠於公司的，也曾經盼望過自己是空前絕後地在這家創辦了三十二年的老字號唯一能夠領到退休金的元老；不過自從我看過阿諾•史瓦辛格主演的《魔鬼總動員》(TOTAL RECALL)之後，也開始懷疑自己是不是被調整過記憶的諜報人員，說不定我十六年的婚姻生活只不過是一道僞造的指令而已。我眞正的老板究竟是誰呢？

說實在的，王主任在這個隔間中工作了十七年，唯一的貢獻就是他從未參加破壞臭氧層的工作，一個禿子是不需要使用噴霧式髮膠的。和他比較起來，我和另外五位副主任身上的器官絕大部分都還是真的；他走了之後，我們的臉龐在面對彼此的時候，依舊是那麼和善，楊超永遠面帶歡樂，一口金牙閃啊閃的；尤碧蘭面頰上那些和年齡絕不相稱的青春痘因為長期微笑而被擠壓成爛橄欖的形狀；李飛騰全身唯一飛騰得起來的是那嘿嘿嘿的怪笑聲。

我們每一個人都在監視著對方，尋找對方是產業間諜的證據；另一方面，我們又得注意這間辦公室中的誰誰誰和公司中其他部門的誰誰誰有什麼勾結。為了王主任留下來的那個位子，我們不僅悄悄地仇視除了自己以外的五個人，也得戒慎這家公司其他八十幾名員工，我們必須預防「空降部隊」，不但得擔心業務部、會計部、總務處、資訊中心、總裁辦公室裡任何一個只懂得逢迎拍馬的垃圾同事，更得預防他們從公司外找到一些滲透分子來坐上那個空位。

對於這種顧慮，我口沒遮攔地說了一句：「寧與家奴，不給外賊！」其他五個人都笑嘻嘻地抬頭望了我一眼，我感到十具隱藏在眼睛裡頭的微型攝影機格格對準了焦距，正連續而密集地拍攝著我的表情。

「說得好。」杜蘭淡淡說了一句，他的眼睛卻瞄向我的設計圖。我早就料到這些傢伙想要抄襲我的設計了，桌上的這份設計圖根本是假的，而且我相信其他五個人桌面上的設計圖也是假的。

我處心積慮地要搞一份假的設計圖給他們偷看，因為公司的最高當局下了一道指令，要求設計部的五個副主任都提出一份「未來趨勢產品」說明書，大家都心知肚明，這份設計書關係到誰能坐上那個誰都說他不願意幹的位置上。

「什麼是未來趨勢產品嘛？」尤碧蘭慵懶地發出三十五歲女性令人驚慄的嬌嗔：「我想楊超的點子最多，紹哥哥的心最細，飛騰的功力下得深，杜爺對機械最靈通，林老大的經驗十足，我只好放棄了。」

放棄了？我猜那只是障眼法。滿口金牙的楊超總是在電腦鍵盤上滴滴答答地打個不停，杜蘭擤鼻涕的舒潔衛生紙像喪事時戴的紙花一般堆滿了他腿旁的黑色垃圾筒，李飛騰眨著兔唇上的那對老鼠眼可能正在思考如何利用李紹和尤碧蘭的性醜聞同時打擊他們小倆口。至於我，正在杜撰我的假情報：

「我準備以生物機能學的觀點，設計出一具人工海膽。把海膽翻開來看，可以發現五個鉤子，由無數細小的肌肉纖維控制著，靈活地運動，使得海膽能夠像尤碧蘭那甜美的下巴一般靈活移動。」

李紹微笑著，一面傾聽著我的高論，一面低聲就著話筒喃喃自語，顯然，他一定是和人事室的那個壞蛋正在進行陰謀。

杜蘭重重擤了鼻涕，瞇著眼說：「唉呀，和您的設計比起來，我這個『無法坐人的椅子』就實在是小巫見大巫了。」

每個人都在說謊，李紹那個烤肉、燙髮兩用機器明明也是廢物，偉大的設計部目前已經陷入黑色的漩渦中。我想，我最後出線的機會是向董事會進行疏通了，因爲除了那個「人造海膽」的假設計之外，我根本沒有任何關於「未來趨勢產品」的概念。

昨天晚上我又打了一夜電話，公司十五個常務董事竟然沒有一個人知道公司的決策是誰釐定的，也沒有人知道誰該爲公司的前途負責。我不曉得那到底是托詞還是另有不可告人的理由，竟然有個常務董事告訴我：「什麼？我是巨蛋公司的常務董事？」

我實在感到非常厭倦，一切的一切，但是又不知道是爲了什麼？

尤碧蘭的屁股是什麼顏色的？我盯著自己桌上那幅標示著密密麻麻的數據的海膽結構圖，感到黑色漩渦在我內心深處不斷地攪動，好像要把我的生命和整個世界都吸了進去。

天空上的臭氧層想必正在繼續破裂，破裂，像是我的人生。

我抬起頭來，想到小安到底有多久沒叫我一聲爸了？突然感到一陣暈眩。茫茫的視線穿過一架架終端機，在王主任空下來的那張桌子後，死白的牆壁上掛著一個永遠指向三點半的老時鐘，以及這間辦公室的精神標語：「**人人爲我，我爲人人。**」

慢跑的男人

Take off your coat
Take off your dress
Take off your shoes
Again, Again, Please Again

黎醫生將黑襯衫套回身上，然後是那件蠶絲內褲。

小安遞給他一瓶酒，逕自轉身，從冰箱裡取出兩個白磁碗放進微波爐裡。

黎醫生靠在立式吧台上，環視這間套房，他深呼吸了三次，胸腔裡一片舒暢。

小安返身，擦掠吧台，順手接過黎醫生爲他倒的一杯酒，大辣辣地躺上紅絨的貴妃椅，抓起電視遙控器。

黎醫生沒有動彈，除了握在右手中的軒尼詩XO，琥珀色的液體被輕輕旋動，在透明的弧度裡環繞出滑順的漩渦。

小安不知什麼時候摸出一支唇膏，一面盯住螢幕，一面將唇膏熟練地塗上自己的嘴唇。黑色的唇膏無聲無息地遮住嘴唇原本的膚色。

「喂，幹你那一行的感受如何？」小安瞥他一眼。

黎醫生冷笑一聲：「你猜，小安。」

「在無邊無際的大海游泳。」

「你眞浪漫。」

「有一點。」小安目不轉睛地瞠視螢光幕。

「小安，」黎醫生把聲調放低：「我一直活在一個小箱子裡。」

「喂，那麼在小箱子裡的感覺如何？」小安將毛茸茸的一雙小腿擱上茶几。

二十七吋的電視螢幕上出現了一個慢跑者的背影，鏡頭追蹤著他的背影，金髮閃閃發亮，他必然跑上了一座不平凡的鐵橋，巨大的吊纜模糊地出現在螢幕的一角。

黎醫生沒有立即回答小安，酒杯裡的XO被手掌的溫度烘得微溫，他的嘴唇離開杯沿，唾液與白蘭地混合的漬跡亮盈盈地留下。

沉默半晌，靠在立式吧台上的黎醫生又舉起闊肚窄口的白蘭地酒杯，他透過酒杯的玻璃看小安，小安的上半身扭曲地擠進圓滑的玻璃，琥珀色的白蘭地輕輕旋盪，時間被攪碎，空間扭曲……。

「小安，把生命放進小箱子裡，實在太擠了。」

小安轉過頭來，黎醫生調整了手臂的距離，讓小安的臉龐漫漶地侵佔整個杯肚。

「你認爲我被你治好了嗎？」小安被壓縮在玻璃中問。

黎醫生放下酒杯，小安赤裸的身體完整地呈現在他的眼前。

「我不是告訴過你，同性戀不是病態？」

黎醫生走近小安身前，擋住螢光幕裡的情節。

「你每天看幾個口吐白沫的病人？」小安抬頭。

「十個，一個也不多。」

「那，我不是掛了口吐白沫的第十號？」

「今天只治療了九個，你不算。」

「喔同性戀不算病，那麼暴露狂算不算？阿阿阿阿達達達達！」

黎醫生曖昧地盯住小安再度勃張的下體，接著蹲下來，伸出右手，用食指和拇指扯下小安一叢腿毛。

螢光幕上的男人再度出現小安的眼前，金髮男人仍然在映像管裡慢跑，背對著黎醫生和小安慢跑，朝向某一個大霧瀰漫的教堂，紅色馬可波羅式棉衫，背面印刷鮮明白色英文：

IRON BAR。

「會痛！」小安俊俏的臉龐誇張地擠成一團。

黎醫生將那撮微細的毛髮拿到嘴前，輕輕一吹，七八根毛髮翩翩飛降小安結實的腹肌。

黎醫生的臉龐湊近小安，小安的手揷進黎醫生敞開的黑襯衫中，那是一隻溫暖的手掌，在冷氣房裡依舊滲出黏溼的汗液。隨著手掌的觸覺，汗液塗擦在醫生古銅色的肌膚上。那是乾燥、滑膩而健康的男性肌膚。小安可以猜到，黎醫生是一個Finn Class業餘帆船選手；小安想像：當眼前的情人立在玻璃纖維板上，單手握桁，乘風破浪，讓鹹苦的海洋和盪熱的陽焱，冷熱激盪，按摩他古銅色的閃亮肌膚。

事實上黎醫生的確，的確是單人帆船天生好手。每天有十個病人接受他的精神分析治療，通常他聽的比說的多。黎醫生瞭解，傾聽是最高階段的治療藝術，一布袋一布袋的夢魘自病人的口中吐出，精神分析師就得照單全收，將這些嘔吐物全部呑下去。

但是，他肚子裡堆積的無限夢魘要往那裡嘔吐？

黎醫生將它們吐到萬里的外海裡。

瞬間凝固的手掌……。

帆船被大浪高高擎舉……。

那是男人的遊戲。

帆船被大浪高高擎舉……。

他懂，他懂得如何利用自己的每一吋肌肉，在動態萬千的海面上尋求平衡。尋求單桅帆船的，以及自己流動不居的意識，在動盪不安中的平衡。

在浪峯和浪峯間，只能憑藉直覺駕駛。

當帆船選手意識到逆浪的危機時，如果還企圖用邏輯思考，桅桿已經被千鈞力道摧折，自己也將被捲入波谷。

只有直覺。

直覺指向萬事萬物的自身。

直覺控制一切。

對一個探索別人潛意識的精神分析師而言，仰賴自己的直覺保持身體和心理的平衡，是不是一項重大的嘲諷？

事實上，黎醫生的確，的確他的確僅僅利用直覺來診療病患……。

Again, Again, Please Again

小安的眼神如此迷離，彷彿在瞳孔蒙上一層透亮的薄翳；他微敞的雙唇塗抹著黑色的唇膏，令黎醫生忍不住用舌尖去舔舐。

赤唇與黑唇，密接。

黎醫生的舌尖伸進小安的雙唇，穿越齒縫。

法國式接吻。

攪纏的唾液，徐緩的呼吸。

男人與男人的纏抱。

塔與塔的戀情。

小安的十指悍悍插進黎醫生烏黑的髮際。

呼吸著自彼此鼻孔吐出的空氣，擁抱著他們倒落紅色的羊毛地毯。

螢幕上的金髮男人繼續慢跑，背景轉換爲蕭颯的秋景。上坡路，金髮男人踩踏著輕脆剝裂的楓葉向山頂前進，金色的頭髮在特寫鏡頭中溼漉漉的貼附在額際，所有的楓葉發出沙沙的殺氣。

小安推開黎醫生。

他翻身站起，取出微波爐裡的燉肉。

精赤的肌肉纖維，一塊塊靜靜躺臥在白磁碗底。

小安露出謎一般的笑容：「燉得爛熟，保證：入口即化。」

「酸？」黎醫生皺著眉咀嚼一塊帶筋的肉：「果然……不錯我的小安，只是醋放得多。」

「嘿嘿，」他眨眼：「酸就是特色。」

放鬆眉頭，黎醫生嘴唇上沾附一層油光光的湯汁。

「喂，」小安一向用「喂」做爲男伴的人稱代名詞：「利用醫療的名義，你和多少零號上過床？」

湯汁微微潑灑在黎醫生的大腿上，他似乎不願意回答小安的問題。

小安抬起下巴，用低沉的聲調追問：「喂，是Homo讓你選擇精神科吧？」

黎醫生將磁碗擱在几上，仍舊保持沉默。

「喂，你治療得好自己嗎？利用手淫什麼的。」小安模擬自慰的動作，右手彷彿握住虛空中不存在的鋁罐。

黎醫生的雙掌插入自己的鬢角，喃喃道：「……disgusting question，開始厭倦你，知道嗎？小安。」

「一向如此，不是嗎？一向如此，你永遠只能擁有通俗羅曼史那種俗爛的一夜情；」小安用嘲諷的聲調數落他：「套用通俗小說家的筆法：你缺乏愛的能力，也缺乏被愛的能力。」

小安預期黎醫生會暴怒如一頭受傷的獅子般撲過來，但是他沒有，黎醫生只將留有黑色唇印的臉龐從手掌中釋放出來：「小安，別逼我承認……。我曾經試圖去尋找一個固定的伴侶，但是我沒有辦法。一點沒有辦法。」他仰首繼續說：

「小安，這不是病，這是命，我們這種人的宿命。我也好，你也好，誰都在找尋另一個陽具，崇高的陽具。一旦做過了，崇高感的幻夢也同時破滅。」

小安不自覺地提高右肩，偏著頭，安靜而充滿傾慕地聽著黎醫生說話。

「四十一歲。我已經剛滿半年。你知道我內心的感受嗎？我發現這一生中所有的挫折和失敗感，都是因為我企圖去壓抑Homo的傾向。」

黎醫生漸漸回復他的專業性格，本質冷酷，表面卻顯現親和的微笑標誌：「很難得遇見像你這樣的病患，下個禮拜在診所見，如果你有興趣預約的話。」他找到西裝褲，匆匆套上。

「喂，你，真的，不記得，我了？」小安不知何時又將唇膏把弄在手中，讓冰涼的鐵管不安地在掌心來回滾動。

黎醫生中止繫腰帶的動作。

「在今天下午以前，我們沒有見過面。」黎醫生凝視小安。

「再仔細想想看。」小安咬住下唇，拔開唇膏筒，在自己的眼睛周圍畫了一對不規則的黑框，「喂，你真的沒有一點點的印象？」

黎醫生瞇著眼睛，感到迷惑。眼前的男人成為一個沮喪的小丑，被黑唇膏框住的一對瞳孔，似乎有一種殘酷而絕望的感情凝縮其中。

他搖搖頭：「真的，小安，你真的有病，我想你真的有病，今天以前我絕對，絕對，沒有和你見過面。」

「一二三四五六七八九十十一十二十三十四十五十六十七十八，嗯十八，十八年前，你想想十八年前的事。」小安詰問同時，在左面頰上畫出一道道黑線，以眼角做端點，一道道輻射狀的黑線延伸到耳下、頷下以及鼻翅附近。

黎醫生的腦中翻騰出一片海洋，他感受到對於可能存在的往事一片空白的焦慮。螢幕中的金髮男人仍然在慢跑，他跑進一座荒廢的莊園，在雨中，喘息紊亂，漸漸無法配合雨的節奏。他的慢跑鞋陷入泥濘，每跨出一步都激昂起四濺的泥水。

「十八年前？」小安開始塗抹他的右面頰：「眞的？你眞的想不起來？」

十八年前，黎醫生在那裡？他看見一張黑紙蒙上自己的視網膜。在伸手不見五指的黑闇中，小安的聲音爲黎醫生刺穿一個白色的小孔。

「喂，記得那個建中學生？」小安的聲音飄渺而空洞，來自黑紙的另一面。

逐漸擴張的白點差一點把黎醫生捲落其中。他推開白點，從擴張的白點中他看到他自己，從小喪失父愛的醫學院五年級生黎冠群，將一個背著建中書包的中學生拐進青年公園附近一座廢棄的工寮。

……你有女朋友？別當書呆子，我教你愛撫的方法，

……別緊張，都是男孩子，沒什麼好害羞，

……舔我，嗯哼，

……趴下，頂住牆壁，屁股抬高，對，放鬆。

「你長得和十八年前沒什麼不一樣，連一根白髮都沒長。喂，這不是很諷刺？你完全不認得我，」小安的臉龐戴上一張惡魔的假面，黑色的唇膏線條隨著淫媚的笑意而牽動：「嘿嘿，是你讓我走上這一條路，當時你的模樣烙印在我心中，任何男人都無法替代。」

小安走到目瞪口呆的黎醫生面前，用右手食指抵住中年醫生的心窩：「我永遠記得在工寮裡發生的事情，我的口腔還可以回味，回味，不斷回味你燙熱的精液滑進喉嚨的感覺。」

黎醫生沒有撥開心窩上頭的食指，他淺淺微笑，那是安慰情人的口吻：「小安，很鹹、很腥是吧？」

……軒尼詩和胃液交融。

……瞬間凝固的手掌。

……帆船被大浪高高擎舉。

……黎醫生返回海洋。

……陸地消融在海平線後。

……旭日的冠冕撐開紫霧。

小安的食指又陷進黎醫生的心窩幾分，被自己塗畫得猙獰不堪的鬼臉上猛然流注兩股淚水，他試圖壓抑聲帶的顫抖：「鹹，而且腥臭，腥臭的不得了，你讓我作嘔。」他深信自己一輩子都將浸泡在男人精液的泥沼裡。

螢光幕中的金髮男人並不在意黎醫生和小安之間的僵局，他像一枚脫隊的精蟲，只顧在雨中繼續慢跑。

食指穿透胸肌。

精液的螢光。

食指穿透劇烈搏動的心房。

精液的螢光潺潺流溢。

遠方的海洋中暴升出一座莫可名狀的聖器，殘餘的浪在它峥嶸的體表勾勒出白色的紋路，無數有機物的遺骸緊緊攀附著它的軀幹，散揚出奇異曼妙的籟音。

三〇三號房

我瞥了曾里美一眼，她正在速寫簿上塗畫線條。她咬著筆蓋，有時隨意書寫一些符號，有時抬頭望望窗外飛掠的梯田。

在高速公路上，車速能夠讓我的感官平靜下來。但是今天有里美坐在一旁，昨夜一幕幕的激情又閃閃發亮地嵌入我的腦海。我喜歡到處都是鏡子的那種套房。

超車是一種快感。和做愛的快感比較起來毫不遜色。

堅實剛勁的車體結構在噴射動力引擎驅動下，涮涮掠過前一輛貨卡傳出的咒罵聲。只有一個字可以形容：爽！

我盤轉著方向盤，人車一體，好像這輛車已經通連我的血管，而我沉穩的心跳如同正催動著引擎。

有里美在一旁，我可不敢說沒有炫耀駕駛技術的意思。

但她就像是一座冰雕，從另一顆星球空運來的；我打賭里美是外星人，一下了床就變成了外星人。

「廣告詞上這麼說，」我故意不注視里美：「若是有人覺得這輛紅色房車足以讓男人鍾情相守，那麼，對於那些失寵的女性，這輛車只能無可奈何地聳聳肩膀。」

「哦，你覺得你的車很『酷』囉？」里美也沒有抬頭，我瞥見里美在潔白的模造紙上勾勒出一隻豬的輪廓。

「低轉速、高扭力、大馬力，」我笑笑：「男人需要這樣的車，女人需要這樣的男人。」

里美冷哼一聲：「你這頭沒大腦的種豬，先檢討檢討你的結案率吧。」

「五五波，這叫做中庸之道，」我的音調有點生硬，顯然是被這個婆娘一句話給傷到了：「生活不比電影。收費公道、辦事全力以赴，我符充德的招牌放在地上都比別人掛起來的高。」

里美其實並不漂亮，她的皮膚已經變粗了，淡淡的魚尾紋吊在眼角，虧她還是個服裝設計師，竟然根本沒有定期保養的觀念。這種想法伴隨著我的自我防衛而浮現，怎麼說都是過了三十歲的女人，金子打的都會生銹，何況是肉做的。

「算了，我的周末憂鬱症大概又發作了。」

里美闔上速寫簿，長吁一聲。

「怎樣，考不考慮咱倆開個聯合事務所？」我重提昨夜的舊話。

「你想跟著我學服裝設計？」

「我說的是『偵探社』，也就是他們所謂的『徵信社』。」我嘟著嘴，鬆開左手比了個手槍的模樣。

「當然，我這一行只負責把女人包裝得光光鮮鮮的，至於嘛像你這種男人唯一能做的，就是把我套在客戶身上的衣服給扒下來。」

「里美啊，」我被她氣得有些口吃：「妳妳，妳怎麼混身都是劍，活像一隻大刺蝟。」

「爽啊。」里美甩甩頭髮。

不過我還是覺得她有種頹廢的魅力，也許到了我這個年紀，一過三十，對女人的審美品味開始降低了。

一踩油門，我又超越了一輛中古喜美。

「我不是幹你那行的料，」里美的笑聲是黑色的：「我只是幹了你，而且是空前絕後的一次。下不為例。」

「晚安啦里美，不過妳可別告訴我，妳連一湯匙的愛都沒有付出過。」我很慶幸自己的口吃突然不藥而癒。

接下來是一段很長很長的沉默。

里美沒有再打開她烏黑布紋硬殼封面的速寫簿，她用那很煽情的手勢點了一根煙，我不認識的牌子。

里美在想些什麼呢。

一個很排的女孩。

昨夜，在幽微的燈光下，我曾經仔細地注視著她赤裸的肌膚，肋骨浮露，隨著呼吸滑動著。

又過了一個收費站。

我相信我和里美之間已經結束，不，從來不曾開始，根本是還沒有開始就已經結束。

昨夜短暫的甜蜜已經流失無踪。

適合我的女人應該是胸部飽滿的波霸、更簡單的說是肥臂大奶那一型，絕對不會是里美那屌樣。

我實在傻得可以，自己不過是里美「週末憂鬱症」的犧牲品罷了。

里美自己拉開音響下方的煙灰缸，將那截行將垂落的煙灰彈落，幾個白色的星點飄散出來，冷冷地沾附在我黑色的絨布夾克上。

「妳常常像昨夜那樣得到高潮嗎?」

「什麼是『高潮』?」里美吐了一口煙。

「這麼說來妳表演得很好。」我的信心也被這婆娘殘酷地摧毀了。

「就像是那截煙灰吧。」

「嗯哼，」我眨眨眼，視線前方天色逐漸晦暗：「拜託妳這個煙蟲也幫我點一支。」

里美用蒼白的嘴唇爲我點燃一支品牌不詳的紙煙，遞上我微敞的齒隙。

「《占星手册》上說我今年諸事不宜，」里美慵懶地說：「我尤其不該和你這種天蠍座的壞男人交往。」

「我是雙魚座。」

「那更慘。」里美揉熄煙頭，濾嘴被燒焦的異味瀰漫了密閉的車廂。

「更慘？」

「雙魚座的男人只受到十二歲以下的小朋友歡迎。你就是如此，適合主持兒童節目。」

「我記錯了，我應該是射手座的。」

「那就沒救了。射手座的男人碰到我，最後的結局是在一個前無去路的懸崖上互相把對方捅死，然後雙雙墜落萬丈深淵，在山谷中給野老鼠啃成兩堆白骨。知道了嗎？」

「我現在發現了，」我說得太急，被煙霧嗆到，猛咳了一陣，差一點把心臟也咳了出來：「……咳咳，只要是有星座的男人，全沒有一個適合妳。」

「除非你談些有建設的話題。」里美用奸險的語氣說話。

「妳愛聽什麼！」

「說說有趣的CASE吧。」

「我可不像妳會用水晶球辦案。」

「用籃球也無所謂。」

我按下搖控紐，左右側車窗都啞啞地降下兩吋，濃煙散出車外，高速公路上轟轟的車聲倏然擴張，海浪般激潑進車體中。

我分神再看了她一眼，心中又游離起一絲暖意。

他媽的下賤，我暗自惡罵自己，怎麼會對一個排骨女人動了情愫，難不成我已經得了返祖症，回復成一隻發情的猴子，在密閉而流動的空間中遺忘了整座世界。

「妳得先告訴我在《占星手册》上還記載著那些不祥的，即將發生的血腥故事？」

「千萬不要試圖改變什麼，和妳的一夜情人盡情享受短暫的時光，」里美眨眨那對神經質的眼睛：「在眼袋開始浮腫發黑以前，《占星手册》特別強調我得聽幾個好故事才不會在今夜失眠。」

「其實，妳知道，我幹了好一陣子混飯吃的雜碎工作，最簡單不過的就是抓姦。」

我乾笑一聲，聊表自嘲；接著說：「盯哨、跟踪，偶爾闖闖空門，看看姦夫的房間裡有沒有自行錄製的恩愛版錄影帶，那就非常省事了，不然只好到淫婦的小套房裡找找男人的拖鞋、綉上名字的手帕什麼的；最後，如果調查的對象沒有油水可撈，就挑個良辰吉日，鎖定目標，在他們高潮的前夕帶著委託人碰一聲撞開門板。」

我聳聳肩：「我也覺得這麼做稍微不太文明，所以有時候就露一手開鎖技法。我喜歡那種準確的快感，一定要算準高潮的前一剎那。」

「喔，」里美白了我一眼：「然後你這個變態就盜取了他們的高潮？」

「說得難聽極了，和妳的髮型一樣醜，」我踩下油門：「但是距離很近，現場轉播嘛，我的確得到了快感；看著裸體的男女突然僵在那裡，好比是電影裡的停格畫面。」

「妳知道，」我有些樂了，大概就是那句成語「津津樂道」所形容的那種低級趣味：「換做是妳我，一剎時是連抓被子遮奶頭的動作都反應不過來。」

「沒什麼趣味。」里美大笑。

「我說過混口飯吃。」我的面頰抽搐了一下，可能也有幾根青筋被她的笑聲從肉裡挑了出來，無奈地盤結在我的額角邊緣。

●

彩霧重重壓在不斷後退的山脈上。

我瞄了速度儀一眼，隱隱透出綠色螢光的指針徘徊在100和120的刻度之間。

午後四時三刻三十秒。

周末北上的車道基本上還算通暢，下行車道簡直已經變成停車場了。

上坡路。白色的路面筆直通向前方染成赤橙色的天空。路燈一枚一枚升騰地面又往後方飛馳而去。

我想到了另一個女人。

另一個奇特的女人。

我告訴里美：「我從來不否認我有見獵心喜的毛病，我的童年趕上了眷村男孩流行『大焗炒』的末期，沒做過什麼卻眼睜睜看過年紀比較大的男孩怎麼樣和女生玩車輪戰的遊戲。」

里美插話：「挺噁心的。」

「所以我比較那個些，」我將煙頭吐到車窗外，螢光般飄動的火花登時寂滅在風中：「You Know，比較敞開胸襟。我對於被調查的對象通常都能保持一定的距離，如果我不節制的話，偵探和男妓簡直連一線之隔都不存在。」

「你的意思是說你對那個委託人動了心。」

「不是委託人，委託人是那個女人的丈夫，一個號稱大金牛的省議員。那個女人是被調查的對象。」

「那女人是不是來了一客婚外情？」

「沒有，」我苦笑：「她是典型的受害者，老公自己花天酒地，卻懷疑老婆有什麼不軌。說穿了，那隻大金牛根本想要甩掉老婆，而且務求斬草除根，因爲老婆的娘家也是在地方上小有勢力。要甩掉髮妻，只要能掌握失貞的證據，就能經由法院判決離婚，也好防杜娘家那方面的話題。」

「我嗅出一些不道德的氣味了。」

「不錯，那隻大金牛暗示我，如果抓不到什麼空穴來風的姦夫，那麼就歡迎我自導自演，自然有特殊的計價方式。」

里美又點了一支煙，好整以暇地繼續聽我說下去。

「我跟蹤了那女人整整兩個禮拜，發現她每隔兩天就會到濱海公路旁一家小旅館開一間面海的房間。

「每次開的是同一號房，三〇三。我起初以爲她眞的是要和男朋友約會，就租了斜對面另一家賓館的四樓房間，架設了望遠鏡和錄音機，守株待兔。

「結果我發現她每隔兩天就在三〇三號枯坐一個下午，然後在華燈初上時開著她的KADETT 1600回到天母的別墅。此外，就是不定期逛逛敦化南路的皮草店，偶爾才穿著牛仔褲和便衫在公園裡跑兩圈，活似吳爾芙筆下的角色。」

「吳爾芙？」里美有些疑惑。

「一個小說家，」我說：「《美麗佳人歐蘭朵》的作者。」

「她總是盛裝去濱海公路的小旅館發楞嗎？」里美不喜歡文學，她腦子裡想的還是服裝。

「不錯，雖然她隔天才去一次，但是我想她是長期把那間房給包租了下來。」

「會不會是懷念初戀的男朋友，或者呢恰恰好是她初夜的傷心地？」里美的推理能力簡直是和流行歌詞的內容難分軒輊。

「嗯，後來我當面見過她。不過都不是妳猜的內容。」

「你暴露了調查的事情？」

「我保證一生中只出過這一次錯。」

●

我記得那天是禮拜四。

晚上八點了，她仍然沒有離開三〇三號房。

隔著一條大弧度盤旋的柏油路，我蹲踞在另一座賓館四樓陽台的水泥牆後，視線距離三〇三號房陽台的鐵柵欄只有不到二十公尺的距離，從四樓的角度我的視線可以輕易地環視落地窗內的大部分空間。何況，我的眼睛是經由和電子錄影機聯線的高倍數望遠鏡來觀察每一個可能的細節。

蘇枋色的舊窗簾被栓紮在落地窗旁，鋪上茜紅色床套的雙人床，灰白條紋相間的壁紙，一面水銀剝落的梳妝鏡，一架她從來沒有打開過的二十吋大同牌黑白電視，一個老式熱水瓶，兩個杯子——一個倒覆，另一個她用來沖泡洛神茶（那種腥紅色的液體令我理所當然地推想成洛神茶）。

除此之外，三〇三號房間只有一具蒙塵的懸掛式銅葉電扇和坐在籐椅上的盛裝女子。

連續兩個禮拜，我跟踪著她，所有期盼都落空了。

事實上那隻金牛老公本身才是問題叢生的傢伙。

那天晚上八點，我非常好奇這個年近四十歲的女子究竟爲什麼破壞了她自己的遊戲規則。

因爲在八點以前，我已經領悟了她爲什麼要逃遁到三〇三號房來。

沒有理由。唯一的理由是她可以在三〇三號房裡什麼也不做，她在這個孤獨的空間中擁有自己。

擁有自己的空間對於這個女人是何等重要之事。只要誰能夠像我這樣靜靜凝視著她，一個下午又一個下午，再愚笨的人也會感受到她貞靜的安祥感和多麼卑微可憐的滿足。

我開始懺悔，一生中唯一的一次，懺悔我的窺視是如何無恥地侵犯了她在這個世界上最後竚足的地方。

凝視那個不足四坪的套房空間，時間分秒流逝，我差點就忘記了海洋的存在。

漲潮的聲音，一波波傳響。

黑色的海洋，傳遞著奇妙的音籟。

在那黑色海面之下的黑色空間，彷彿正嘩然升出，無數人類的夢魘像黑色的緞帶般彈射出來，飄浮無依。

每當她來到三〇三號房，就會坐在水銀剝蝕的鏡前凝視著自己變形的容貌。

如同回到小學時代的自然課，我從鏡面上不斷觀察她緩緩搧動的睫毛，光潔的額頭，略略凹陷的面頰，一絲不苟的高髻髮型，挺拔的鼻樑，以及那種去除了一切憂鬱，回轉原始、原始得像一隻皮毛光閃的小猫般的眼神。就這樣看到了女性一種天然的純潔，一種比自瀆還要猥褻的純潔。

直到那天晚上八點。

她站在落地窗前，用相同的安祥望著我的鏡頭。

我感到一道道強烈的電流襲捲全身。

全身的毛孔都緊緊地閉鎖起來。

她已經意識到我的存在。

然而我動彈不得，我覺得用來窺視的望遠鏡可笑得很，可笑得如同暴露狂自個兒暴露在天橋上的堅硬陽具。

當她反過來凝視我的時候，我才知道裸裎的不是她而是我的靈魂。

然後，她開始脫卸那件苔綠色的長衫，……一件件將身上昂貴的配件脫卸下來，在昏黃的室燈下，裸裎她的肉體，裸裎她垂落的乳房。

那是一件藝術品、一件被頑童當做足球踢的藝術品。

無數的傷痕就像是塗鴉一般，布滿在她抖動的乳房和鬆弛的小腹上。

●

「那些傷疤一定是那個金牛議員幹的。」里美說。

「我猜是。」我說著說，回想當時的情境，心中竟湧起一陣寒意，如同那夜沁涼的海風。

「然後是艷遇？」里美的呼吸有些急促，原來她只對自己的肉體冷感。

「我不該和她做愛。」我發現自己的聲音簡直是哽咽著通過喉管。

「也難說，」里美的聲音沒有嫉妒的成分，令我頗有幾分不痛快，但是她壓根不在乎我的反應：「你符充德難得幹對了一次，我想她絕對絕對是非常寂寞的。」

「拜託，拿妳的水晶球出來吧？妳就知道那天我敲響三〇三號房的門板時是一副多麼狼狽的樣子。」

「搞不好，你這個大男人給她催眠了。」

「不，」我嚴肅地更正：「我和她都處於半催眠的狀態，當我進入她體內的時候，我甚至以爲壓在我身下的才是我自己。」

「嗯，」里美說：「現在我想爲你那客『快餐』設計一套稱頭的衣服了，那個女人的確有資格穿上我的創作。」

「不必了，我根本搞砸了。」

「沒拿到酬勞，還是你被仙人跳了？」里美實在不懷好心。

「錢不拿也罷，妳看我全部家當不過是一對拳頭、一顆腦袋加上這輛車，誰也不會想到拿我仙人跳。」

「別賣關子，台北就快到了。」里美不耐煩起來。

「第二天她去了醫院，」我恨恨地說：

「她去了愛滋病患的房間。」

「什麼？」里美大叫。

「放心好了，那是第二天的事情。」我很高興把里美嚇呆了。

「老天，我還有很長很長的人生要享受。」里美幾乎是在尖叫。

「她的目的是復仇，」我咳了兩聲：「如果妳注意到昨天的晚報。」

「到底怎麼一回事？」里美的臉蒼白得像是照上鹵素燈的白堊牆。

「報上說金牛議員心臟病死了。」我淡淡地說：「其實是愛滋病，發現三天就報廢了。」

然後我們都沒有再說話。那天我在三〇三號房和女人做愛時也是如此，沒有任何語言，只有荒涼的呼吸聲。

我的車子繼續行駛，路燈、車燈沿途點燃、拖曳出無數交錯的彩虹，飛騰的路面像是珠玉流滾的天河。

私房錄影帶

我必須承認自己多少有那麼點兒頽廢。

一方面我的脾氣太壞，沉不住氣，有點像是我早死的老爸，但是另一方面又好像是壓抑美學的代表人物，這點又像是我那個放高利貸的叔叔。這種矛盾性格就怕用錯了地方，用得恰到好處嘛就不乏妙處了。

總之，該出拳的時候出拳，不該逞英雄的場合就閉目練氣、暗頌佛號。當然，這指的是辦案，如果對象是女人的話，上述原則還得顚倒過來。

我爲自己的智慧感到自豪，更重要的是我非常缺乏道德感。道德感這玩藝兒好比保險套，套在智慧的腦袋上，創意就無法受孕了，而且不夠爽。

所以施老頭子在背後說我這個傢伙實在非常卑鄙。

罵得好。在這個社會上卑鄙的人有福了。

而施老頭子這隻笨狐狸連做那檔子事都在遮遮掩掩，滿口什麼教育學家、心理學家的研究報告，號稱「上知天文、下知地理、中知人情事故」，說穿了還不是一個行動的侏儒，在精神上用學問做壯陽藥，碰到了實戰，沒有一次挺過兩分五十五秒。

我憑什麼說出如此令人噴飯的數據，當然是眼見爲憑囉。不錯，我有窺淫癖。不客氣地說，每一個男人都是Peeping Tom，所謂「偷窺湯姆」，這沒什麼好害羞的。不過我對施老頭子的現身說法可絲毫沒有興趣，因爲我是一個欠缺道德感但是很有品味的人。

如果不是職業的需要，我犯不著作踐自己的眼珠看那個老鬼辦事。明白的說，滿口「死老頭子」的施老婆子正是我的客戶。

女人沒有一個不是犯疑心病的，施老婆子卻多多少少有些不明事理。就憑施老頭子那副肋排身段，活似肺癆三期半，眼看是十帖十全大補湯都不濟事的一隻老禿鷹，那來的七十二變。我看那老人的如意金箍棒只興變短無力伸長，老婆子這可不是天外飛來一罈老醋？

有道是情人眼中出西施，又有一句老話：敝帚自珍，施老婆子如此高估了施老頭子，無非是犯了高齡少婦的浪漫症候群，要不然就是斯迪麥的廣告看多了。

看在一疊蔣介石大人的份上，爲了我那輛紅色房車的保養費以及徵信社欠繳的房租，我毅然決然接下施老婆子的委託。嗯，老天可眞是公平，這疊鈔票還不是來自那老鬼的退休金。

開始的時候，我鎖定了一個和俗艷的綠色投幣電話一樣平凡的女人，半老徐娘的咖啡店女店東程秀媚。施老鬼三天兩頭往店裡鑽，還和她一齊上號子，故意挨著肩在看板前探望行情，對著女人潔白的頸項直吐穢氣。

最可笑的事情，莫過於你好不容易在最後一個口袋中掏出一個硬幣，結果方圓五里之內唯一的一具電話是卡匣式的。施老頭子碰上程秀媚這具公共電話，卻又像拿著通話卡往投幣孔硬塞一般；的確，程秀媚這具不折不扣的投幣式電話，不久就把老鬼當成過時的蘿蔔給甩在一旁。

施老頭子雖然是隻老得脫毛的狐狸，但是狐狸終究是狐狸，既然程秀媚這支著了雨的劈柴點不著火，他便轉向泡上了咖啡店對街的花店老板娘。

屠夫拿繡花針拿不順手，要是遇到買肉的那可就是趕上行情了。施老頭子時來運轉，花店老板娘李畫眉那個胖寡婦，也總強過八字眉、烏雅嘴的施老婆子。兩人寅時點燈、卯時上陣，初識三天，施老頭子戴上滑稽的墨鏡拉著豐滿的李畫眉，在中華路吃了一客酸菜火鍋，不久就上了後火車站的小賓館。

●

由於事關商業機密，我不便說出往後的兩個禮拜中，如何在後火車站那幾家賓館裡一一拍攝下施老頭子和李畫眉兩位的動物奇觀。如果說李畫眉在床笫間可比喻爲一隻很胖的失聲畫眉，那麼退而不休的施老頭子就十足是隻烤焦的失身畫眉了。

一九九二年三月一日下午，當施老頭子鬼鬼祟祟地走出野百合HOTEL的後門之刻，我正杵在一側，左手拿了一捲錄影帶，用探戈的節奏擊打在右手上翻的掌心上。

「施老師啊，好久不見了。」我熱絡地迎上前來。

施老頭子打了一個嗝，墨鏡後的眼珠子繞著我的臉轉動。

「哎呀呀呀，」施老頭子回過神來：「你不是那個誰誰誰嗎？」

「誰誰誰？」我輕咳一聲：「小姓符。」

「哎呀呀呀，」施老頭子用微顫的手指頭指著我的鼻尖：「咱們早見過面了，您是符應德？」

「對不起，我叫符充德。」

「失敬失敬，教了二十七年書、您看記憶力都搞壞了，時間也不早矣，由我施老頭子做個小東，請充德兄小酌兩杯如何？」施老頭子一副豪客嘴臉。

「您老別客套了，怎沒看到畫眉姑娘呢？一個走前門、一個走後門？」

施老頭子又打了一個嗝，沉默了三秒鐘，摘下墨鏡，慌亂地在口袋掏了半天，不覺掏出一張千元大鈔，狠狠抹下額頭前豆大的汗珠。

他舔舔嘴唇，想說些什麼，又哽在喉頭。

「施老師，您也可以變成宮澤理惠了，」我晃了晃手中的錄影帶：「我跟《大黑幕》雜誌的主編很熟；當然囉，如果施夫人想要保留版權，you know，女人總是有很強的獨佔慾，我也會尊重她的意見。」

●

那天施老頭子在我面前哭得像個孩子，我卻有了新的決定。

我決定向施老婆子報告的內容，大意是施老頭子每天上棋社，走在路上對女人正眼也不瞧。這分報告將使我喪失一筆獎金，而且我還願意放棄尾款，並且退回預付的一半費用。

我這麼做絕對不是爲了同情那個老鬼，他還有退休金給老婆僱偵探抓姦，我哪天老邁了恐怕連救濟金都領不到，任何人都會以爲我會直接向施老頭子勒索，這更低估我了，我會向這位功在杏林的碩學鴻儒下手嗎？

「放心吧，施老師您絕對沒想到自己是一個天才演員，晚生個三十年，麥當雄要拍古裝三級片，一定會找您簽約的。」

那時，施老頭子活似咬鈎的王八——拽直了脖子，那想要奪回錄影帶的眼神，簡直就可以點燃經國號戰機的引擎。

「別急，這捲菁華版遲早會還給您的，而且呢小的我符充德人格保證，絕對不會拷貝複製；不過在還給您老以前，還得勞駕您老幫個小忙。」

●

故事說到這裡，我也得「倒帶」到前面，談談另外兩個我熟識的人物，一位是B教上師大寶王；另一位是什麼什麼院——反正是《五權憲法》裡甲乙丙丁戊五院中的哪一個——的委員大人，在還沒被任命之前呢是N大學教授，現在搖身一變，成為部長級官員的鄒如委員。

B教上師大寶王的模樣和鄒如委員實在有不少共通之處，方頭大耳，前額高廣，天庭飽滿，人中又深又寬，象徵聚財（我想直截了當地說是斂財）的圓渾鼻頭鑲在垂掛兩邊面頰的五花肉中間，這副嘴臉大致上和相命攤前掛的面相圖例差不多。大概好樣兒的人物都應該是如此臉譜，至少他們兩個人暫時應驗了。

如果說他們兩位大人一個是「一代宗師」、一個是「位極人臣」多少是有點誇張。大寶王兩年前才創立B教，可想而知，他的信徒總數比起台灣第三大政黨的黨員都還差了一截，我每次譏笑他一番，他總是能夠力爭上游多拉來幾個弟子；不過，衆所週知：當一個教主還沒有被「衆所週知」以前嘛難免有段創業維艱的日子好熬。

大寶王現在的第一個課題是要更多的信徒，在第一個課題之前的課題是他現在夠窮。鄒如的情況稍稍有些不同，他夠富，尤其在大學裡幹過N輪總務長的資歷，眞令人懷疑他在天母的那棟百坪透天別墅，原本應該是坐落在大學校園裡哪個角落。

說鄒如「位極人臣」那眞的是諷刺他了，同樣是兩年前，他老年得官，而且好歹也是個特任官，約莫在陌生的官場也合算幹到了頂。人人都說他祖宗至少積了十八代的德，夠他作惡多端一輩子臨死還可以掛帳，這回搞到了什麼委員的頭銜，固然是夜壺擱上了八仙桌，實在是他媽的不倫不類；不過那天萬一鄒如大人要是得個消渴症或是大小腦同步中風什麼的彩頭，駕鶴西歸去也，還是得勞駕總統先生惠賜一張大輓聯。

說到這裡我自己都有些兒臉紅，因爲大寶王是我的小學同學，而鄒如大人是我大學時代共同課程的教授之一。

●

去年年底，有個鬼迷心竅的中年女人黃芳找上了大寶王位居安坑的B教總壇——總壇說起來氣派十足，根本就是別無分號只此一家。

這位中年女士呢也是杏壇中的清流，目前在國中擔任公民教師，年年考績都是甲等。她表面上是個模範母親，標準人師、卻連連失眠了兩年，治也治不好，最後開了悟，知道宗教是人類心靈的工程師，碰上了我那個小學同學大寶王，二話不說就歸宗認主了。

大寶王早生個一兩百年也是塊洪秀全的料。他不時從齒縫迸出一句咒語「薩爾娃，沙迪，卡丟雅吐」，大概是在日本卡通片裡學來的，不過煞有其事地配合表情，再加上我借給他的那一套《現代心理學入門譯叢》，要信徒吐實告解就不是什麼難事了。

就在施老婆子委託我調查老鬼的當天，大寶王半夜打了個電話到我的辦公室兼起居室。

「可不可以幫我調查一個人？」

「我睏，大寶王你饒了我吧。」

「薩爾娃，沙迪，卡丟雅吐。」

「別裝神弄鬼了，」我睡意全消：「大寶王你出得起費用嗎？」

「當然，大B佛保祐你，這就是我付給你的酬勞。」

「什麼大B佛小B佛，」我開始不悅了：「你敢拿這套來哄騙我！」

「薩爾娃，沙迪，卡丟雅吐。符充德你這小子還不懂我的個性嗎，你幫我調查一個人，保證事後好處五五分帳。」

「誰？」

「鄒如。」

●

簡單地說，剛才提到的那位杏壇清流女老師黃芳正是鄒如大人的頭號姘頭，女教師一五一十的把這段長達二十年的婚外情娓娓道來：總之，她兩年前給甩了。

那是一場壯烈的悲劇。

「黃芳說，鄒如很溫柔地向她解釋，他自己晚年要參禪修道，」大寶王在電話那頭冷笑了一聲：「所以要分手，還肉麻兮兮地搬弄了幾句《朱子語錄》裡的格言。」

「這老傢伙。」我回想起大學時代鄒如上課時如同僵屍般的音調。

「而且呢，鄒如還提出了一個好笑的要求。」

「該不會是再來一炮吧？」

「薩爾娃，沙迪，卡丟雅吐。」

「大寶王你少唸兩句咒語就會晚兩天去見你的大B佛。」

「言歸正傳。」大寶王的好脾氣實在令人敬佩：「老男人在他的天母別墅三樓有間大臥房，他環繞著電動床架起了三架V8錄影機，他說要為兩個人的愛情留下永恒的記憶。」

「什麼？」

「他們用三機同步自動拍攝，我們最富有創意的鄒教授親自剪接了一卷私房錄影帶。」

「我篤定這兩個人精神都有問題。」

「薩爾娃，沙迪，卡丟雅吐：上一代人有上一代人的想法，鄒如和黃芳有他們的愛情方程式嘛。」

「想不到你大寶王走火入魔，眞的以爲你自己是教主了。」

「不是我自己這麼想，一切都是大B佛的啓示。」

「蒼天哪，大寶王，你這個綽號是小學時代我給你取的。」

「不，是大B佛透過你的嘴巴說出來的。」

「OK、OK我服了你，黃芳不就是鄒如身世的活字典嗎？那麼你到底還要我調查鄒如什麼底細？」

「嘿嘿，薩爾娃，沙迪，卡丟雅吐。」

●

大寶王要我查清楚黃芳和鄒如這檔事是不是空穴來風，這是他自己的職業警覺，當一個人自己說謊，而且連自己說的謊都相信，那麼他是不可能信任任何一個人的。

其次，要我設法搞清楚鄒如的財務狀況。

第三，想辦法弄到鄒如家的內部設計。

大寶王要我調查的項目，橫列開來，擺明的不就是要勒索鄒如了。

「拜託，大寶王你要搞清楚，不要拜你的大B佛拜到了大牢裡去。」

「嘿嘿，我如果坐牢，就在牢裡拿你的相片把你活活拜死。」

「好吧，事後五五分帳，資料弄到手就沒我的事。」

「別不講義氣，你我目前的情況大家心知肚明。」

●

鄒如的老婆死了好幾年，這廝保密工夫做得到家，老婆生前不知道這道貌岸然的老公來了黃芳這麼一段，死後做鬼也不好開口了。

大寶王拜大B佛，那麼黃芳就是鄒如的小B佛了。鄒如兩年前忍心捨棄小B佛，還是爲了那個特任官的位置，兩千年前吳起殺妻求將的故事就在現實中上演了。

黃芳不管怎麼說，可還是羅敷有夫，事情曝光了，鄒如只怕丟了官，還得吃上妨礙家庭的官司。不過大寶王如果沒有致命的武器，鄒如也不是好惹的角色，難保不落個流氓罪名到岩灣去留學幾年。

同時調查施老頭子和鄒如兩樁案子，對我來講也還算應付得過去，很快地我就把鄒如的底細摸得一清二楚，黃芳和他那一腳早已是學術圈裡公開的秘密。

除了天母別墅的內部結構之外，其他的情況已在掌握中。鄒如資財上億，包括了五筆房地產和土銀的二千萬存款，在今日的台灣來說算不上什麼，不過和大寶王的財物相對照之下，算得上是個小富。

於是，我和大寶王商定了下個步驟。

施老頭子是我們的一枚棋子。

●

在野百合賓館後門，我決定放施老頭子一馬。

沒有例外，他欠我一個人情。

「錄影帶暫時不能還給您老。」我抖著腿說。

「充德兄，我施老頭子是個大書呆，有話你明說，我好有個底子。」

「施老師，您在北平輔大的時候有個同學叫鄒如是吧？」我開門見山地說。

「不錯。」施老頭子點頭稱是。

「你們每年有次校友同窗會吧？」

「不愧是名探，」施老頭子小心翼翼地恭維著我：「連這種小細節都給你摸透了。」

「你們同窗會的照片還上過周刊雜誌，算是得來全不費工夫；明天可就是您老和老同窗們年度聚會的日子了。」

施老頭子眼珠又轉動起來。

「施老師您別緊張，只是要托您辦一樁小事。」

「那，」施老頭子頓了頓：「充德兄您手上那捲帶子是不是……」

「事成之後雙手璧還，」我擠了擠眼皮：「您老可以和畫眉阿姨好好溫習溫習那招『老漢拖車』，媽的連我這種小伙子看了都在丹田燒一把大火炬呢。」

●

施老頭子要辦的事情很簡單。憑他那張嘴——可比他的其他器官持久得多——怕會說不動鄒如那學術惡棍來拜會大寶王嗎？惡棍對神棍，精彩的局面可想而知。

三天後，施老頭子果然拖了鄒如來到安坑的大寶王總壇，由於人手不足的關係，我只好權充大寶王那B樣的小徒弟，反正多少年經過，鄒如絕不可能記得我這個只上過第一堂和最後一堂課的學生，只不過那件金黃色的道袍穿在自己的身上，寬鬆不說，簡直是現世。

當然，大寶王早就透過我這兒得到了鄒如一切的資料，施老頭子也裝得像是個客觀的見證人；大寶王沒有五分鐘就把鄒如的祖宗八代全給交代出來，嚇得鄒如牙齒打顫、直呼高人。

「薩爾娃，沙迪，卡丟雅吐。本座所言，是不是和這位貴人的身世吻合？」大寶王有模有樣，我卻得暗中捏住自己的大腿才不會爆笑出醜。

「我本來根本就不相信老施說的話，」鄒如虔敬地說：「這次是百聞不如一見了，大寶王果然神通廣大。」

「好說，好說，」大寶王乘勝追擊：「我看這位貴人是已經肩托民族存亡的大官員了？」

施老頭子在一旁陪笑：「哎呀呀呀，法王您好眼力，眼前這位貴人不瞞您說就是學界泰斗，也是堂堂院級委員鄒如鄒先生。」

「久仰，久仰，」大寶王呵呵大笑，拍拍自己的油肚皮：「我看鄒先生在猴年又有大升遷了。」

鄒如一震，性急地追問：「大寶王，您看我有沒有副院長的命？」

大寶王拱手：「何止、何止，」他遲疑了一會續道：「只不過，只不過嘛用本座的法眼一瞧，發現先生您的住宅可能得重新布置一番。」

「那敢情好，」鄒如趨前：「多少香火錢大寶王您開個價，是不是可以請動大駕到敝宅來觀測觀測。」

大寶王伸出肥膩的大掌，擋在鄒如面前：「鄒先生擔當國家興亡重責，我豈又是貪財的江湖術士，我決定分文不取，免費爲鄒先生服務。」

鄒如大喜，當下接口：「大寶王不愧是性情中人，那麼即刻邀您到舍下一遊！」

●

鄒如這傢伙不愧是個中老手，除了定時來打掃的兩個清潔工人之外，孤家寡人一個，家中防範可是非常森嚴；可笑的是，他帶領著我們一行參觀了那座落天母的五層透天別墅，還不忘一一誇耀那些防盜機關和直達派出所的警鈴，更可怕的是他的保險櫃還裝上了隱藏的十字弓，任何笨賊的下場可想而知。

我跟著鄒如背後，一一記下那些機關的位置，至於大寶王懂什麼風水那我可從來沒聽說過，鄒如那股痴迷的神情才眞是令人叫絕。

一步出鄒府，我就把那張記錄塞給了施老頭子。

●

又過了兩天，我在野百合賓門的後門老地方等施老頭子。爲了他自己的老命，連一秒鐘都不遲，下午準時三點出現在我的身側。

「找到了？」我問。

「充德兄，我教了二十七年書，想不到退休後還做了賊。」施老頭子一口長嘆，遞來一捲帶子。

「是這捲沒錯？」

「相信我，充德兄你不知道我在鄒如家整整看了二十五捲帶子，才把這支帶子找出來，好在他沒有臨時起意回天母，否則我就得當場自盡以謝天下了。」

「放心好了，」我笑笑：「鄒如每次開完院會就會去打通宵麻將，只不好意思煩擾您老跑這一趟了。」

我將施老頭子的那捲帶子和施老頭子手中那捲盜自鄒如別墅的帶子交換過來。

「拜拜。有緣再見。」我進入紅色房車，揚長而去，把施老頭子拋在後街的一角。

施老頭子盜來的這捲帶子，正是鄒如和黃芳的三機操作菁華版，大寶王和我保證，他可以用這捲帶子向鄒如弄個五、六千萬。

這個數字是非常合理的。我告訴大寶王說，我那一分就不必給我了，請他直接匯款給湖口一家修道院。那家修道院中有一個修女我認識，她是我的初戀情人，但是她的貞操卻毀在鄒如的一張成績單上。

我初戀的女孩，連手都沒有碰過的，就這麼成為一個永遠休學的修女。這故事太戲劇化，但的確是眞的。

還有，施老頭子的臉色不知如何，等他發現我給他的只是一捲空白帶以後。我根本沒拍下他的床戲，說實在的，我實在不太忍心，萬一眞的去拍搞不好V8的鏡頭都會碎掉……。

黑色膠囊

1

「符充德，你長得就是這副德行！」

我整了整風衣的襟口，對著電梯內的鏡子自言自語。

的確，有兩天沒刮的鬍根像雨後春筍般爆出唇上和下巴，皺兮兮的領帶歪斜地掛在污漬的花襯衫上，領帶上的變形蟲圖案浮游在赤紅色的水溝中，扭動著癡呆的軀體。

樓層的號碼不斷往上跳躍。11、12、13……

一面盯著鏡中自己刁著半截雪茄的臉龐，一面無意識地撫摩著電梯內壁滑溜柔順的檜木皮面，我對著鏡中的自己噴出一道青黛色的濃煙，然後把雪茄留在嘴角。

頭頂風口逸散而出的冷氣和煙霧扭旋在一起，茫茫的霧氣瀰漫在鏡面上。細微的水珠抓不住光滑的鏡面，一顆顆又逸散在電梯間污濁的空氣裡。

一會兒我又再度看清自己。

鏡中的符充德。

我被我自己的目光鎖進了眼前這面鏡子裡。

如果永遠掙脫不出來呢？我幻想著。

在二次元的平面中，我彷彿看見自己在鏡子裡掙扎，試圖掙脫出那面無法穿越的透明。

電梯繼續上升，15、16、17、18、19、20……

我被我自己的名字封鎖在軀體裡，什麼時候我可以將自己的封條撕去？25、26、27、28、29、30。

「登！」電梯門左右挪開，回復的重力使得我的睪丸感到一陣痲痺。

爲了一個親愛的死人，我必須去見一個不想見的人，我遲疑了一會兒，電梯門又緩緩闔上，幾乎把眼前豁然呈現的一幅張大千的潑墨巨製給遮擋起來。

按下OPEN的綠色按鈕，我踏出那架可以換取五部愛快羅蜜歐的電梯間，迎面的一百號大千潑墨懸掛在金光閃閃的合金牆壁上，我估計腳下的地毯每根棗紅顏色的羊毛都有一吋長度。

走道盡頭的長櫃後坐著一個老處女型的秘書小姐，她抬頭冷漠地望著我，遮掩不住一股驚訝和鄙夷的神色。

「您是符充德先生？」秘書扶了扶黑框眼鏡。

好一架冰冷的電腦。她的模樣如同六〇年代B級科幻片裡會說話的機械女傭，一旦她開口說話，更證實了我的想像力絕非空穴來風。

「不錯。」我把半截雪茄按熄在她面前潔淨的大理石菸灰缸中，暗紅色的火星點點揚起，殘餘的菸草和破碎的菸葉在盤底磨蹭得嗞嗞作響。

「顯然，」我清了清喉嚨：「你跟那老頭一樣是個禁慾主義者。」

「符充德先生，」秘書又把滑下鼻翅的黑框眼鏡憤憤地推到扁平的鼻樑終點：「您已經遲到了七分鐘。」

我乾笑一聲，不懷好意地斜眼看著她暴露在紅色洋裝胸襟下的乳溝。

「董事長在等您。」

我俯身伸出左手，托住她的下巴，把她低垂的頭顱扳成四十五度的仰角，我的食指和拇指可以感受到她的顫抖。

黑框眼鏡無言地再度滑下鼻樑。

她睜大眼睛，瞳孔縮小，嘴唇輕輕開啓，YSL25號深豔唇膏上流宕著詭異的光澤。

「換一副眼鏡，」我把笑聲吞進喉管：「別把自己搞成一隻小熊貓，妳適合戴上細框的銀絲鏡架。」

秘書的臉頰湧現了草莓汁的色澤。

「董……事……長……在……」她的聲音開始顫抖，聽不出是感動還是憤怒。

我伸出空閒的右手摘下那副眼鏡，用鏡架的尾端輕柔地撥動她鬢角的黑髮：

「妳適合留長髮。」

「像瀑布一樣的長髮。」

趁著她還在發楞的空檔，我又補上一句，把她的眼鏡扔回桌上。

2

我差一點以爲自己進入企業號星艦的艦橋，合金房門亮了燈，沙沙左右挪開。輕咳一聲，我走進老頭兒的辦公室。

乖乖，這間位居新銀行三十層樓頂的董事長辦公室幾乎有百坪大小，在寸土寸金的台北，老頭顯現了他獨特的豪奢氣派。

入口右方靜靜坐著一尊兩公尺高的密宗白教綠度母雕像，這個缺德的老鬼想必是從西藏哪座聖寺走私出來這尊外行人也可以猜測得到價碼的高價古董。

老頭符堅坐在他的檜木辦公桌後面，矮小的軀體差一點被巨大的桌身和幾具終端機所淹沒。

老頭兒的背後是一幅用藏文書寫的大型掛軸，由於我自己對於密宗也有點興趣，所以我立即認出那是白教第十世大寶王喀昌多杰【編按：AD1871～1922】的親手筆蹟，神秀俊拔的筆劃排列成同心圓，蒼黃的紙面中心是一個巨大的字；不消說，這不但是聖跡，也是有將近百年歷史的古董。我想，這房間裡的擺設一定經過密宗高人的設計。

一套簡單的籐製沙發擺在一列玻璃帷幕牆的前面，雖然只是一套籐椅，但是卻一張張都採用女人大腳粗細的老籐一體成形，如果那些籐樹不是受到核廢料污染或者打營養針長大的，恐怕也有千年歷史了。我的視線往東梭巡，一座大型多寶格的中央，擺置著一尊三十公分高度的「降三世明王」憤怒身，八隻手臂中有一對結出「兵」字訣的手印，其餘六隻手分別拿著金剛杵、降魔杖、射日弓等六件法寶，這尊銅像已經有些鏽蝕，但是明王背後的火焰非常逼真，在大廳溫柔的金色燈光下閃爍著焰峰。

我一面環視四壁，一面朝著老頭兒接近。

他正在打電話，看見我走進來，投擲給我一個溫柔的眼神。

我輕率地點了點頭，轉身走到辦公桌另一側的吧台前，自己倒了雙份的Scotch，我聽見老頭壓低聲音，把話筒貼在嘴唇上，有點像是喃喃自語。

我開始有點同情他，但是我卻永遠無法諒解他對我堂弟符眞德所做的事件。

說眞格的，眞德長得還眞不像他，當然，也不像我。十歲的時候他就比我高出了一個頭。

長大以後我一七八公分，不過他還是高我一個頭。

人世間許多事情是難以逆料的，我重新掏出一支被弄皺的ALHAM-BRA，長十二公分半的煙身，我咬開了煙頭，用十塊錢的千輝牌塑膠打火機點燃，長長噓出一道虛幻的青龍。

我注意到吧台的小牛皮面上還擱著小半杯沒氣的蘇打水和一瓶五十粒裝的HI-POTA，顯然是老頭剛剛服用的，我無聊地抓起HI-POTA的瓶身，注視著每個字母都只有蚜蟲大小的成分說明標示——

Each Capsule Contains‥

Vitamin A (Palmitate)

Vitamin D

Vitamin B-1（Thiamine Mononitrate)

Vitamin B-2 (Riboflavin)

Vitamin B-6（Pyridoxine HCI.)

Vitamin B-12（Cyanocobalamin)

Vitamin C（Ascorbic Acid)

Niacinamide

Calcium（Dicalcium Phosphate)

Phosphorus (Dicalcium Phosphate)
Iron (Ferrous Sulfate)
Magnesium (Magnesium Sulfate)
Manganese (Manganese Sulfate)
Potassium (Potassium Sulfate)
Zinc (Zinc Sulfate)
Suggested use..One Capsule daily for adults for use as a dietary supplement.
Keep in a cool dry place out of reach of children.

黑色的膠囊，隱藏著奇異而秩序井然的成分，這個世界的任何事物個個都存在著黑色的核心，像這瓶HI-POTA一般。

放下藥罐，仰頭將威士忌一飲而盡，沒有滲水也沒有加冰的黃色透明液體竄入我的喉管，如同一小隊滑稽的工兵正在火速開鑿隧道。

符堅放下聽筒，我瞄了他一眼，他仍然在鎖眉沈思。

我再度輕咳一聲。

老頭抬起枯瘦的面龐。

二十年前，這個老頭還在農安街的一棟舊公寓裡放高利貸，樓下是一家賣雞的批發店，在嘓嘓咯咯的喧鬧聲中，他將鉛筆斜斜夾在油膩的右耳上，打著赤膊翻閱用十行紙訂成的帳冊，誰也沒有想到符堅這傢伙會有烏鴉飛進鳳巢的一天。

他的成功不是偶然的，望著二十年後的老頭，我彷彿看見他正嗶嗶剝剝地踩過無數屍骸、從黑色膠囊一樣神祕的歷史中走出來。

「充德，你是第一次到我的新辦公室，知道我爲什麼找你過來？」老頭的嗓音有氣無力，夾雜著濃濁的痰聲。

「嗯，該是爲了眞德。」我噴出一口濃煙，歪坐在吧台前的高腳凳上。

「我告訴過他不要走那條路。」

「你不是『告訴』，」我冷笑著說：「眞德考上警校那一天，你竟然在他身上砸壞了一把椅子。」

老頭閉目了一會兒，緩緩把一對刻薄的眼皮翻回深陷的眼眶：

「充德，我是你的親叔叔，你不可以用這種語氣對我說話。」

「如果是要我來聽訓的話，」我的冷笑隨著鼻孔的煙霧流竄出來：「對不起，咱們河南到陝西——兩省，大家都不必談下去浪費時間。」

「至少你也是我養大的。」

「不錯，爸爸早死，媽媽帶著我投靠你，可是爸爸臨終前可沒告訴你可以連他老婆都一併接管了。」

「充德，我一向尊敬你的母親，她是我的嫂子，我怎麼……」老頭驚叱地說：

「這麼多年來原來你一直誤會我和你母親……」

「對不起，」我把半截雪茄丟進酒杯裡，滋滋的聲響隨著煙氣昇華：「我沒有教養，在叔叔你面前放肆了。我還有事，恐怕不能陪你多聊。」

「眞德是我的獨子，他過世了，到天堂去找你嬸嬸了，你就是我的繼承人，」老頭靜靜地說：「充德你去算算看，在台灣姓符的搞不好只剩下我們兩個了。我所擁有的一切都會是你的。」

我猛然站起：「把你的新銀行帶進墳墓吧，其實我看你這棟樓和墓碑也差不了多少，不要以爲換個打扮，弄幾尊神就可以改變什麼，坐在這裡的你還是一個放高貸的小老頭。」

符堅的眼眶突然潮濕起來，他把垂掛的鼻涕用勁吸回鼻腔，哽咽著說：

「好，看完一樣東西，要走我也不留你。」

我想一定是什麼不祥之物，連忙深呼吸，平抑劇烈的心跳。

房門沙沙打開，一顆帶黑框眼鏡的頭顱伸了進來，可能我長得像個恐佈分子吧，那個老處女祕書大概以爲發生了什麼事，她吐了吐舌頭，知趣地縮回腦袋，房門再度沙沙闔起。

符堅按下桌前的一顆按鈕，一幅百吋的投射幕自天花板降下他左方的牆壁，我的頭頂上方也降下一架投射器，三束光從投射器的鏡頭射出，疊合在白色的投射幕上。

我看著那令人驚愕的畫面，半晌無法作聲。

我頹然跌坐在高腳凳上。

雖然我緊閉雙目，可是那畫面卻像燒紅的銅版畫，狠狠地烙印在我的腦海裡。

畫面是符眞德，從小和我一起長大的、最親密的堂弟。

符眞德坐在一張咖啡桌前。

他的雙手反握住一把手槍，在畫面上很清晰地可以看出是一把點三八口徑的制式左輪，那柄槍的槍管塞進了眞德自己的口腔中。眞德腦後原本是藍色小碎花的壁紙，但是畫面上的牆壁上至少有一張LD大小的範疇沾黏著深褐色血漿和雪白腦漿交融的汚漬，從這團血漬的不規則邊界上無數血滴、濺灑的體液、腦殼和飛散的髮絲成放射狀塗染在淡藍色的壁紙上。

他的眼珠凸出眼眶，瞳孔凝縮成兩粒芝蔴大小，鼻孔中兩道濃稠的血液繞過嘴角，和口中淌流出來的白沫相匯，再環繞槍管，一直滴落在扣扳機的右手大拇指和白襯衫的左袖釦上。

我扶著額頭，睜開眼睛看著這幅悲慘的畫面。

我聽到啜泣聲，然後發現啜泣聲是我自己發出的。

這是一張靜態的照片，但是卻充滿了殘酷的律動感。

我的腦海中不斷浮現眞德各階段的模樣，五歲時流著黃濁鼻涕，歪著頭傻笑的眞德，八歲時騎在我的背上和鄰居小孩玩騎馬打仗的眞德，上國中理大光頭和我一起蹺課去看籃球賽的眞德，第一次拜託我爲他寫情書給黃制服女高中生的眞德，拿著警校畢業證書挺胸微笑的眞德……。

「這是一個叫做杜沙的攝影師拍下的畫面。」符堅沙啞地說：「他剛好和眞德在同一家咖啡廳喝咖啡，在一聲轟然巨響發生之後，他即刻拍攝下這幀照片。」

「非常巧合。對一個攝影師來說，這是一萬分之一，不，百萬分之一的機率。」我質疑著。

符堅關掉機器：「五天前，咖啡廳裡有兩打人目擊眞德自殺，如果連窗外聞聲聚攏而來的路人，那麼在警方趕到以前，至少有一個野戰連的人數可以做見證。」

我瞄了老頭一眼：「那麼，我還能做什麼？」

符堅的拳頭重重擊在桌面上：

「我不相信眞德會自殺。」

3

符堅要求我調查眞德的死因，他一開始就知道我會答應。

當天晚上我就到東區那家播放著通俗國語歌的咖啡店調查命案現場。

有三個服務生都指證歷歷，眞德眞的是自殺身亡的。

長得滿臉麻子的一個工讀生很熱心地說明當時咖啡店客人大呼小叫的亂象。

「過癮極了，」麻臉捧著盤子，喜孜孜地說：「那時候剛好過八點，是客人最多的時候，開始的時候，我們差一點以爲是恐怖分子來了。」

我眞想一拳捶扁他的麻臉。但是口沫橫飛的麻臉自顧自的說：

「這幾天我們店裡生意反而特別好，原來老闆還擔心客人不敢上門，想不到報紙一登出來，許多人都蜂擁到我們店裡，……」

這是一次毫無收獲的探訪，我無奈地盯著麻臉大開大闔的口形。

「當時，就是放這首音樂，季薇薇唱的《黑色膠囊》。」麻臉的王八蛋繼續說。

黑色膠囊？我想到在老頭辦公室看見的HI-POTA。哎，眞德就這麼死去了。

我走向深褐色的店門，在櫃台前買單，背後飄揚著季薇薇刻意裝成童音的稚嫩歌聲：

我的愛情是一顆破碎的膠囊，
爲什麼爲什麼總是這樣憂傷？
失落的情書不被破碎的心收藏，
走向死亡是我唯一的反抗……

我的愛情是一顆融化的膠囊，
爲什麼爲什麼總是如此沮喪？
陷入哭泣和寂寞我最愛的身旁，
月光溫柔將你細細捆綁……

我的愛情是一顆黑色的膠囊？
爲什麼爲什麼總是失去方向？
復仇的念頭和野薑花一樣倔強，
沒有星光的夜我揚帆出航……

4

深夜，我哼著剛剛學會的《黑色膠囊》曲調，駕駛我的紅車經過一條市郊的山路，沿路的別墅和五層小公寓都以同一種角度傾斜著，起初我以為只是錯亂的視覺，或者是因為山勢的關係，但是我漸漸發現這一路沒有燈光的樓房的確是微微地傾斜著，約和地平線成九十五度角，詭異的情景，猶如暴風雨後被吹得朝同一方向歪斜的海岸森林。

攝影師杜沙住在道路盡頭的三層透天別墅，整棟樓燈火通明，遠遠望過去，不就是一盞掛在懸崖邊緣的燈籠？

我熄火，車子靜靜「滑翔」了幾公尺。跨出車門，我看到杜沙的別墅門口停放著一輛半新不舊的KADETT 1600，我狠狠踹了那輛進口車的擋泥板一腳，警報器呼天搶地狂鳴了起來。

我抬頭往上看，果然有個綁辮子的腦袋從三樓的陽台伸出，驚惶地窺探黑暗的山道。

●

當我跟著杜沙走上二樓的階梯時，他特別警告我：

「小心，別踩到我的瑪丹娜。」

果然，樓梯的轉折處睡著一個赤裸的女人，一條浴巾遮住圓潤的肚皮，大腿間隆起的陰阜上一蓬焦黑的絨毛使得我不得不多看了一眼，我跨過那橫睡的女人時，她嗯啊一聲翻了個身，不知爲什麼我有點毛骨悚然。

杜沙這個人是個色魔、尅藥狂和酒徒，我打一進門就嗅出了這個藝術家混身蒸散著酒氣、淫水和古龍液混合起來的怪味，至於我爲什麼知道這個寶貝尅藥，簡單地說是我的職業第六感。當然，是台北這種都市才會製造出這種萬人稱頌的頹廢主義實踐者。

不過，讓我差一點把雪茄給呑進食道裡的是別墅二樓，視覺所及盡是一些……哦，實在無法形容的巨幅照片。我想杜沙的那些作品不能算是色情作品。猥褻？拜物教？或者什麼什麼主義，我無法從大腦中有限的辭彙中抽取出適當的修辭。

有一幅門板大小的照片是陰核的放大圖，巨大的陰核上布滿月球般的坑坑洞洞，皮膚黏膜的表層竟然像是都市的空照圖一般街道縱橫，我彷彿嗅到狂風吹來的女體氣味，但是同一瞬間，我又聽到了墓園中的萬鐘齊鳴的恐怖音響。而這幅攝影作品只是「情節最輕」的一幀。

杜沙左手握著潤肚的白蘭地酒杯，裡頭竟然搖晃著深藍色的液體，他徘徊在他所塑造的影像之中，一幅幅地解說著，而我的耳鳴卻不斷地增強，如果不是接過一瓶啤酒，一口氣強灌了半瓶，我眞的以爲自己被擲入了一架洗衣機裡頭。

莫怪他能夠以特殊的敏感度拍攝下眞德的自殺影像。我深信杜沙的生命完全不受現實世界的約束，同樣地，他一離開女人的洞穴和他的藝術，對於現實他完全是個性無能者。我想，他的確是偶然拍下了眞德的死亡，對於這椿堂弟死亡的案件他應該是無辜的。

「藝術就是精神上的做愛……」杜沙狂妄地舉起晃盪著墨藍色液體的酒杯，此刻他是一個教主，同時也是我默默轉身下樓的契機了。

5

我把偵察的方向放回眞德的工作環境和人際關係上。

警方早以自殺結案，眞德的確是自殺死亡的，老頭兒說得沒錯，幾打的目擊者可以做證，不過我以家屬身分向眞德工作的分局調閱的人事資料卻令我大吃一驚。

眞德的業績非常好，擔任各項勤務已經累積了二百餘件嘉獎、二十餘支小功、去年在他的布線下一口氣逮捕了「新十大槍擊要犯」中的王天原和楊利三，並且擊殺企圖持槍拒捕的溝仔粥集團骨幹「小離貓仔」，因而記了大功，如果他不自殺的話。今年六月初的人事大調動，才在規劃階段，已經被刑事警察局破格指名要人了。

我和眞德最要好的王警官閒聊了一陣子。

「其實眞德兄也不見得會去刑事警察局，台北南區的派出所主管他也有希望。」王警官一面玩弄著他自己大盤帽上的警徽一面說：

「何況，他在情感上也很順利，前幾天他才和我提到結婚的事。」

「結婚？」我的一對大眼睛瞇成了兩條縫。

6

湖面上非常平靜，我和老頭兒坐在剛好容納兩個大人的舢板船上，陰暗的烏雲承載著陽光的重量，飽漲欲裂的金色光芒好像隨時會突穿雲層、金粉般灑落下來。

老頭兒沒有什麼表情，他全神貫注，將線頭部分用左掌握在身側，在右手揮動釣竿時左掌同時放鬆，鉛錘引帶著釣線咻咻射向前方，啪一聲三十公分長的梭型浮標輕輕地拍上水面。

「這是我最拿手的彈拋法。」老頭喃喃自語。

「經過一個禮拜的調查，」我打破了一個半小時以來的沉窒氣氛：「我證實了兩件事情，第一，眞德的確是自殺的，you Know，不論他在外面和黑道結過什麼樑子，但他的的確確是用自己的手把自己的槍塞進自己的嘴巴裡頭。第二，眞德沒有任何自殺的可能性。他一直前途看好，經濟方面雖然他堅持不靠你這個有錢的爸爸，可是不嫖不賭，也算是有點積蓄……」

浮標在動，以逆時針方向緩緩迴旋，但老頭兒並沒有動，只是，像石像般注視著湖面。

「而且，在感情方面，」我刻意觀察符堅的臉色：「他有一個論及婚嫁的女人，我想眞德並沒有告訴你。」

「女人？爲什麼你不說女孩？」老頭兒的眉頭聳動了一下。

前方幾隻鷺鷥搧動翅膀，白色的身影撲撲飛入草叢。

「你很敏感。」

「你不能叫我叔叔嗎？」老頭和我對看了一眼。

「你的確很敏感，」我避開老頭的視線：「他和一個叫做李燕的寡婦相愛。」

「充德，你見過那女人了？」

「見過，沒有問題，一個善良的女人。」

「你調查過那女人的背景？」

「很不巧，那女人在警界有點名氣，因爲她的前夫在三年前死於一場銀行劫案。」

「充德你的意思是……」

「如果是普通被害人當然沒有警察會記得，她的前夫也是一個警察，更不巧的是，那次任務眞德也在場。」

「我想我太不注意眞德了。」老頭咬著下唇，突然拉起釣竿，一束陽光破雲射下，一尾飛騰出湖面的鯽魚恰好在陽光中扭動著亮閃閃的鱗片。

「眞德是一個重感情的人，在同事間他借錢給別人從不索討，這點可能不太像你，」我看著老頭收線：「日久生情，You Know，我想李燕只會對眞德充滿感激之心。其實，那天我去看她，簡直已經消瘦得不成人形……」

「不對，」老頭轉頭瞪著我：「剩下的人呢？」

「剩下的人？」

「那次劫案，趕到現場的警察除了眞德和李燕的什麼前夫？」

「那個陣亡的警察叫做詹義貴。」我補充。

「好，你有沒有注意到，除了眞德和詹什麼義貴，其他在現場的警察到那裡去了？」

●

離開老頭兒釣魚的毒龍湖之後，我回到辦公室，從傍晚思考到天明，不知不覺地沉沉睡著了，夢中我見到眞德穿著投手的球衣，而我是捕手，那枚球從眞德的手中投出，不斷變大，變成一團黑暗，一萬伏特的電流在黑暗中撲襲在我眼前時流貫在我的軀體中，我親眼看見自己的筋肉一道道爆裂開來，血管掙出皮膚如同被切斷的巨大電纜……

醒過來才發現自己摔倒在地上，陽光透過生銹的百葉窗，一道道照射在我赤裸的胸膛上。

●

如果從昨天傍晚算起，眼前這杯咖啡是十六小時以來的第二十五杯了。

我打了一個電話，把電腦連接到林氏資訊服務中心的資訊系統裡，調出了近十年警員自殺案的統計數字。

根據資料顯示，近十年來警員自殺的高峰期有兩次，第一次是一九八六年，當年台灣地區自殺人口平均比率是萬分之一・一七，那時警員總額是五三四二六人，平均水準應有六・二七個警員會自殺，但是那一年卻有八名警員自殺。

第二個高峰期則是一九九〇年迄今。一九九〇年台灣地區自殺人口平均比率是萬分之〇・六七，以當年警員總額七一〇六一人計，合理的自殺警員應爲四・七三人，也就是說在五人以內，但卻有八名警員自殺。到了一九九一年就更離奇了，光是下半年就連續有十一位警員尋短見……。

我接著趕到《時報周刊》，找到上次在女同性戀謀殺案認識的記者張國立，要他幫我找出一堆剪報資料。

就在張國立鐵青著臉趕忙著幫我影印資料的時候，我想起了楚楚可憐的李燕，她那純眞無邪，卻又空洞的瞳睛到底蘊藏了什麼祕密？《黑色膠囊》的旋律在我耳邊飄旋而起……

7

一九九一年七月十八日，松山派出所一名楊姓警員在值班台上自殺，台面上留了一卷《第六感生死戀》的原聲錄影帶。

一九九一年九月九日，台北一名陳姓保警在崗哨中自殺，留下的遺書竟是孟庭葦一首訣別情歌上抄錄下來的歌詞。

●

更多的例證說明了音樂的魔力，它能給予人類靈魂的昂揚，但是也給予死亡者臨終前最後的安慰或者自憐，希特勒所以迷戀華格納的理由在此。

眞德自殺的時候，正巧咖啡廳中播放著季薇薇演唱的《黑色膠囊》。

更巧的是，不，應該更正爲致命的巧合是，三年前和符眞德、詹義貴同一輛警車趕到K銀行大門口的另外兩名警員藍正達和彭舉賢也在今年自殺身亡。

這個發現令我混身戰慄，難道他們都受到了惡魔的咀咒？

藍正達，一個品性不端的混混型警察，但他有個外號叫做「電腦達達」，根據可靠的消息來源，他包娼包賭，而且使用電腦儲存賬目，並且鎖定程式，當別的系統意圖侵入他的資料庫時那些犯罪的數據就會自動銷燬。

「電腦達達」把連接電腦的延長線放進浴缸裡電死自己，那是今年二月份的事情，可怕的是，全身赤裸的藍正達手中握著一卷溼淋淋的帶子，那卷錄音帶正是季薇薇專輯《黑色膠囊》。

彭舉賢，是另一個典型，爲人陰沉，走長官路線，聽說連總統府都有內線，升遷得比符眞德還要快，別號「大雲遊手」。今年三月八號，他穿著便服，和他的情婦在逛通化街夜市的時候出事，根據報導，他走到盜版錄音帶的攤位前發了一陣呆，突然衝到旁邊的糖炒栗子攤位，把半鍋燒得通紅的砂子吞了下去，在送醫途中就斷了氣。

我猜，彭舉賢這位「大雲遊手」站在盜版錄音帶前聽到的歌曲，一定也是《黑色膠囊》。這的確是一個苦悶的時代。

8

符眞德、「電腦達達」和「大雲遊手」都不是該死的人物。

我特別到通化街夜市走了一圈，果然到處都是《黑色膠囊》的歌聲，季薇薇靠這個單曲連紅了半年，這是他媽的台北文化。

好不容易擠出了人潮，我望著天空，天空上一顆星星也沒有，因爲都市的光太強烈了，天空上的星星被地上的星星一顆顆地吞噬。

……

我的愛情是一顆黑色的膠囊，

爲什麼爲什麼總是失去方向？

復仇的念頭和野薑花一樣倔強，

沒有星光的夜我揚帆出航……

季薇薇的歌聲悠揚散播在夜市的邊緣。

我想，季薇薇的喉嚨一定是用蜜做的，而李燕的心才是一顆黑色膠囊。一切都到了該攤牌的時候了。

●

深夜一點半，我敲開了民生社區一棟公寓五樓A座的門，這種老式公寓最大的好處是省去了管理員的糾纏，也不必把斯迪麥口香糖黏在監視鏡頭上。

「歡迎我嗎？」我刻意偏過頭，把煙霧吐到側面。

絲毫沒有睡意的李燕，穿著春夏之交的薄睡袍，雖然她未免瘦了些，但是堅實的乳房卻拱出胸線，特別是她那迷濛的眼神和薄如利刃的紅唇，顯現出一種楚楚可憐的淒豔。

我體內有些不爭氣的器官正在蠢動，而她適時拉敞了整扇大門。

門碰然關闔。

李燕以奇異的目光看著我。

我單刀直入地問：「李小姐，我認爲你不僅和眞德要好，我想藍正達和彭舉賢也是妳的常客吧？」

李燕雙肩一聳，整件粉紅色的絲質睡袍即刻滑溜到她的腳下，我瞠目直視，那眞的是一個一絲不掛的女人。

李燕輕巧地後退，反手撥開了酒櫃上的錄音機，季薇薇的《黑色膠囊》淒涼地唱了出來。

女人胸前一枚用銀練勾懸的六角星掛飾，在她輕盈的舞蹈間，一閃一顫地在兩粒飽滿的乳房間跳躍，迷眩著我的眼睛。

和睡袍色澤幾乎相同的粉紅色乳暈、結實而光滑如絲的小腹、鼠蹊部上蜷捲的絨毛……六角星、「爲什麼爲什麼總是失去方向？」、乳房、「復仇的念頭」、「和野薑花一樣倔強」、和野薑花一樣白淨的大腿內側、六角星、「沒有星光的夜」、「我揚帆出航」、陰毛下桔梗色的裂縫、六角形……

我將雪茄燃燒的煙頭燙在自己的左手臂上，一陣椎心的刺痛，我咬牙衝上前去，一拳打在她喘息的胸膛上。

李燕悶哼一聲，撞在錄音機上，她無力地癱倒，長髮散蓋在垂掛的面龐上。

第二天早上，我再度走進新銀行的三十層樓面。

老處女秘書竟然換了一副銀絲邊眼鏡，朝著我亂拋媚眼，我經過她身旁時順手拍拍她脆嫩的面頰。我突然對她產生了興趣，不過那是後話。

一進老頭的辦公室，就看見他面向窗外，拿著一杯加冰的Scotch靜靜竚立。

「是充德嗎？」

「果然高明。」

「只有你這麼沒有禮貌。」

「眞相查出來了。」

符堅轉過身來，喝了一口酒。

「眞德的自殺是一種實質上的謀殺，眞凶就是李燕。」

「我要知道理由。」

「三年前有椿銀行搶案，李燕的先生詹義貴、眞德以及另外兩個同事一部車率先到達現場，結果他們推派最資淺的詹義貴衝進情況不明的銀行內部。」我淡淡地說：「當然，連防彈衣也沒穿的詹義貴死於亂槍之下。李燕相信她老公是被自己人害死的。」

符堅點點頭：「那麼報仇的手段是什麼，我到現在還不明白眞德爲什麼會公然自殺。」

「剩下三個人，包括眞德，」我停頓了一會：「都是李燕的入幕之賓，李燕殺了這三個人都是用同一種手法，那就是催眠術，被催眠了以後，只要聽到季薇薇的歌聲，被催眠的人，就會得到暗示，然後產生自殺的念頭。」

符堅再度點頭：「我懂了。」

我接著說：「用《黑色膠囊》做爲暗示的鑰匙是非常聰明的，因爲這首歌太紅，就算是從來不聽歌的人，走在路上，或者坐在計程車裡都會聽到。」

符堅不再說什麼，他掏出支票簿，開了一張六位數的支票給我。

「這是你應得的，我們公事公辦。」

「你準備怎麼對付那個女人？」我把支票揷進風衣內袋：「沒有任何證據可以在法庭上控告她，這幾乎是完全犯罪。」

符堅坐回他的皮靠椅，閉目沉思了一會兒，長嘆一聲：「我不會採取任何行動，我只是想知道爲什麼，就這樣。」

我的腦海中又浮現了《黑色膠囊》的歌詞：

「爲什麼爲什麼總是失去方向……」

綠度母雕塑總是沉默不語，我想，這才是眞正的大智慧。

ET

1

ＥＴ離家三百萬光年，認識了十歲的地球少年艾略特，這是人類和外星人「第一類接觸」中最爲可歌可泣的故事。

艾略特的哥哥邁可、妹妹裘蒂、嘮叨的媽媽瑪莉以及他的同學藍斯都捲入了ＥＴ的旋風之中。

ＥＴ長得實在其貌不揚，他是一個矮小的老植物學家，他臌脹的肚子掠過森林地面時如同人類古老傳說中的妖怪，他擁有一對長著蹼的大脚，好支撐起低垂的腹部，他的長臂令人想起長臂猿，凸出的大眼睛令人想起熱帶雨蛙，縮成一團的鼻子像是被木棍搗爛的花菜心。

他走起路來搖搖擺擺，那對長臂連接的手掌各有四隻指頭，食指的末端肥大，有點像人類這種低等生命形態的雄性生殖器官。沒有人注意到ＥＴ這種高等生物在銀幕上出現的時候是裸體的，也許在他的星球，穿上衣服才是RX級電影的檢定標準。

ET有一顆奇特的心靈，他的心光亮起來的時候好比是一具電動花燈。說眞格的，如果他選擇了中國的元宵節拜訪台北，大概就會少受點人類的折磨；當高級ET被大家誤認爲一具做壞了的花燈不良品，大致上他在地球採集植物的計畫就會更順利些。

只要ET用那魔術棒一般的食指輕輕一點，一株枯萎的天竺葵立刻昂揚起來，將它乾涸的焦黃花朵一瓣瓣舒緩張大，彎曲的莖也飽滿地挺直了腰桿。ET這種特異功能同時也可以運用在動物身上。

在地球上有一個叫做美利堅合衆國的國家，ET就是來到這個白種海盜建立在屠殺歷史上的國家。在這個國家中，人人攜帶槍枝，有一年雷根總統被精神病患用手槍射傷，他躺在病床上一邊呻吟，一邊喃喃念道：「我必須維護人民持有槍支的權利。」

脫衣舞孃在這個國家中最壞的下場，只是在舞台上把腿給扭傷了，要不然就是乳房給男人們的眼睛燙傷；但是ET的下場卻搞不好會斷了氣，他可能會遭受一群憤怒的殷實農夫用獵槍圍捕，沒被射殺也會被賣到馬戲團裡和象人關在同一個鐵籠中。另一種情況是：被做成標本，放在NASA（美國國家航空暨太空總署）的檔案室門口。

好在，他認識的第一批地球人是善良的艾略特和他的家人。

2

M&M，只融你口不融你手的巧克力糖錠，是艾略特給ET的見面禮。

艾略特第一次看見ET的時候，他的眼睛裡充滿了古老的感覺——一種對於未知事物的恐懼，但是愛吃巧克力糖的ET讓驚恐的孩子逐漸冷靜下來；ET何嘗不是，對於一個老邁的太空旅行者而言，能夠在饑腸轆轆的時刻得到地球人的救濟與友誼，也算是抽到頭籤了，雖然明明知道要拯救地球上的植物，這些討厭的直立哺乳類一定要徹底清除，但是ET總得先和他們虛與委蛇一番，才好通知母船，提出《地球淨化專案》的掃毒工程。

ET用嗶嗶剝剝的母語喃喃自語，經過翻譯，大體上是這樣的：

「我總算瞭解地球爲什麼要生產這些人類，數十億年來進化的目的就是爲了製造M&M，有了M&M，我旅行到宇宙的任何角落都會顯得朝氣蓬勃！」

3

紙是包不住火的，艾略特收容ET的事情不再是他個人的祕密，邁可、裘蒂和他們家的大笨狗哈威都愛上了ET這個畸形的怪物。艾略特的同學藍斯也分享了這個祕密。

有一天艾略特的手被乾酪攪拌器割傷，ET看見慌忙尋找綳帶的小男孩，就伸出他那末梢肥大的長指頭，指尖上閃爍著溫暖的粉紅色光暈，輕輕一觸，傷口就立刻癒合。因爲ＥＴ必須好好保護這些小人；至於在他們爲他架設好通向星空的通訊器之前，ＥＴ絕不願意艾略特有什麼三長兩短。

半夜的時候，ＥＴ住在艾略特房間裡的壁櫃。透過櫃子的窗口，ＥＴ望見溫柔的月光，那月光的感覺帶給他一種強烈的鄉愁，銀河中無數閃爍的小星星和他娓娓傾訴時空的蒼桑，宏偉的星輪正在靜默地運轉。

飛，ＥＴ聽到星星們飛翔時的神祕音詩，他們飛翔時在黑闇中的對話。ＥＴ曾經見證過一顆星星的誕生，也曾經目睹一顆太陽的毀滅；但是他現在被困入四呎寬、五呎長的橱櫃裡，陪伴他的只有一把艾略特偷來的黑雨傘和一個肚子裡充塡泡綿的玩偶，ＥＴ陷入強烈的寂寞中。

ＥＴ的目光轉向那個模仿低等生物——地球人——造型的玩偶，它只能瞪大玻璃眼珠，事實上它毫無思想，沒有生物輻射，像是一株生命枯萎的植物。

宇宙的寂寞襲擊ＥＴ古怪的四肢，他全身的毛孔都在呼喚星星，他希望再度潛身幻麗的星雲中……。

4

由於拒絕進入陰謀中，一個有判斷力的人只好對陰謀保持無知，不過保持無知可能是保持天眞、或者保持幼稚，最壞的情況是因爲保持無知而掩護了罪惡。

艾略特的媽媽瑪莉早就發現了ET寄生在她家裡，但是又驚又恐的母親在發現食物大量產少的祕密之後，她仍然像個一家之主，沉穩地盤算這個家庭的未來，如同盤算月底如雪片般飛來的賬單。

瑪莉上過鎭上的高中，在老掉牙的雪佛蘭老爺車裡把貞操獻給一個發育得不太好的男生，她換過好幾輛車子，最後嫁給目前逃亡到墨西哥的丈夫，新婚的時候那薄倖的傢伙並沒有發現瑪莉有陰蝨症，他還來不及發現就讓瑪莉生了邁可、艾略特和裘蒂，接著就和一個狗娘養的婊子到墨西哥逍遙去了，瑪莉眞希望那個勾引她老公的賤貨是個末期梅毒患者。他們可以一起爛成兩株泡在清潔劑中的仙人掌。

瑪莉一直覺得自己是個怪物，在生命史中擁有典型的美國式離婚，收入微薄，而且不瞭解她的三個孩子，她想：孩子們說的話眞的和斯拉夫語言一樣難懂。她有嚴重的性冷感症，同時又有更嚴重的性飢渴症，但是工作和孩子的問題把她的腦殼充塡得又脹又大，她想：我把孩子教育成什麼樣了？不久他們就會開始吸食大麻、搞不好是古柯鹼或者從台灣進口的安非安命，然後濫交，回家向我報告他的女朋友或者她的男朋友因爲看牙醫而得到愛滋病，噢天啊，這就是我一天工作八小時的目的嗎？

瑪莉非常厭倦她自己的生命，當她發現了ET以後才開始認知自己在這個家庭中是唯一必須隱瞞的對象。她原本想在艾略特睡著以後，衝進壁櫥裡用蒼蠅拍把那隻掉了翅膀的「變蠅人」活活打死，但是她又擔心ET會不會噴出綠油油的黏液把她那件破睡衣弄髒了，運氣不好還得通知鎮上的「霍去病清潔公司」來消毒，可是這個月已經赤字連連了。

說不定那只是自己的幻覺罷了，不，也許是中共對美國進行生物戰，偷偷把怪物的孢子投擲到北美洲的上空……噢我的上帝，瑪莉呻吟著，萬一眞的是星際來的異形，現在家家戶戶可能都已經住進了一隻，準備和說外國話的孩子們聯手，把令人討厭的父母一個個丟進攪肉機裡。

瑪莉實在煩惱不堪，她走下樓梯，想倒杯滲入蘇打水的威士忌，而患了思鄉症的ET正在廚房中救治一包冷凍蔬菜。噢我的上帝，瑪莉的內心狂吼著。

ET的手指實在是太美妙了，殭斃的冷凍蔬菜一株株在水槽上站立起來，在粉紅色光暈的探照下，那些卑微的生命又甦醒了。

瑪莉突然產生奇想，全美國至少有二千萬男性患有陽痿症，如果她能開一家復健中心，聘請ET擔任主治醫師，那麼不到半年她就可以帶著三個孩子住進比利佛山莊中最豪華的一棟別墅裡，她腦海浮現了ET穿著綠色手術袍的模樣，在那張烏龜臉上戴上花花公子牌的墨鏡和一張印上兔女郎標誌的大口罩，在那些褪下褲子的大漢胯下輕輕一點……

不過，眞正令她臉紅的是，對於一個守著活寡、三年不知肉味的半老徐娘而言，ET的大手指實在太像，哎，太像那個……

5

「ET Phone home!」ET用裘蒂敎他的簡單詞彙一再表達了他的鄉愁，顯然他對復健低等生物人類的性慾沒有什麼興趣，對於邁可提議的那椿和瑪丹娜合拍MTV的案子也不來電，善良的艾略特說服了家人和分享這個祕密的同學藍斯，大家同心協力蓋一座大型發報機，好讓這位年邁的老太空人兼植物學家早點回到他的故鄉。

邁可負責採購電纜和相關器材，藍斯則把全鎭的衛星電視天線都拆了下來送到ET著陸地方一個隱蔽的山坡草叢上，發報機繼續發出訊號，它的樣子實在像是一團鐵絲纏成的廢物，ET捧著裘蒂送給他的一盆天竺葵，痴痴望著天空，他想，如果自己回去了，一定要信守諾言，有一天回來淸除地球上的人類。瑪莉仍然不死心，纏在ET旁邊，希望ET回家之前能夠把手指租給她兩個禮拜。ET實在受不了，就用那根性感的食指在瑪莉的嘴唇上點了一下，從此瑪莉的嘴就永遠封閉了。

6

ET從一九八二年站到一九九二年，站了十年，也不見母星派船來救援，他每天吃艾略特送來的M&M，體積已經膨脹到一頭黑熊大小。這十年中，瑪莉餓死了，邁可在東岸找到一個牧師缺，裘蒂嫁給藍斯移民到上海，只剩下艾略特一個人，他把每天行乞到的錢分成兩份，一份買M&M給ET吃，一份買熱狗給自己吃。至於老狗哈威，三年前已經埋葬在寵物墳場，據說是被蝴蝶撞死的。還有裘蒂送給ET的那盆天竺葵，現在紮根在山坡上，有三層樓高。

一九九二年四月某一個沒有月亮的晚上，ET正和艾略特在破舊的發報機和巨形天竺葵之間抱頭痛哭，突然，一片閃光，一片閃光照亮了整塊荒蕪的山坡地。

ET和艾略特驚詫地望向前方白茫茫的視野，一圈強烈的白光向他們衝刺而來。

白光停頓在他們的眼前，那是一艘瑰麗的太空船，不，那是一輛黑色房車而不是一艘太空船，跳出車門的也不是ET的同伴而是布希總統。這時，四周圍出現了一大批埋伏的記者，閃爍的鎂光燈照得ET睜不開眼，營養不良的青年艾略特受不了刺激已經昏死在天竺葵的根部。

布希總統在侍衛的簇擁下走到ET的身旁，他舉起ET肥胖的大手，向數百名記者宣布：

「各位，我鄭重向全國的同胞宣告，我選擇了共和黨的老黨員ET做爲我的競選夥伴，從現在開始，ET就是共和黨的副總統侯選人！他將振興我們的農業，並且將高科技引入我們的工業領域，只要我和ET合作就可以拯救美國的經濟！」

ET眨眨眼睛，一股酸楚湧上心頭。

霧季

1

「那時候，戰爭已經進入末期，大約是三十四年【編按：一九四五】的霧季吧。」

老人停頓了談話，拿起磁杯咕嚕咕嚕喝了兩口，嘆一聲氣。

「當時中國新軍正分兩路反攻桂林和柳州，不久日軍就撤離這兩個城市，您談到的這件事應該就在日軍撤守前後。」我打破沉默，徵詢他的意見。

他彷彿沒有聽見，深鎖的印堂牽引著幾道懸針紋，如同一柄將開未開的摺扇，鏤刻在額頭上。

他的視線偏離我的臉龐，投射在舊茶几上的那一節竹子。

「我們要把國旗挿在富士山上」

粗拙的字體，以十分的勁道雕刻在拳頭粗細的竹筒上；經過了四十幾年，那十二個字和竹皮緊緊焊合，再也無法剝離。

「小兄弟，」老人回過神來：「你懂嗎？這一截斷竹上頭的刻字，在我的眼中永遠是鮮紅的。」

他的聲音帶著微顫：「……永遠是鮮紅的。戰爭結束了，戰爭也永遠不會結束，」老人一面放下茶杯，一面用另一隻手指指自己斑斑的鬢角：「那些日子不斷在這裡重演，從來沒有放過我。」

「我懂，雖然我沒有親身體驗……」

不待我充分辯白，他果決地打斷我的話，搖搖頭：「你這一代的娃兒們是不可能瞭解的。」長壽菸的白霧自老人的齒縫繼續散逸，他又點上一根：「也許你歷史學得很好，也努力嚐試要從歷史裡頭學到一些什麼，眞是相當難得。但是聽來的、看來的，只不過是眞相的十分之一、甚至千分之一罷了，再經過你的手寫出來，更不能保存什麼。」

也許能，也許不能，我沒有把握能夠寫出那個大時代的面貌，但是我必須嚐試去觸摸它，那怕僅僅是一條線、一個點，譬如我眼前的老人，靠著他和竹筒的刻字，我找到了一個開端。我剛剛找到了開端，老人卻走到他人生的最盡頭，「戰爭結束了，戰爭也永遠不會結束。」最後一次見面的對話依舊迴盪在耳際，一個月後我竟接到老人的訃聞。

那樁故事，關於四十多年前十幾個孩子的命運的故事，並沒有如同老人自己預料的一般，伴隨著他的死亡而湮沒。我牢牢地記住每一個細節，反覆地思考、背誦老人的談話，我要將漫漶的歷史重新擦亮。

我甚至在夢中回到那失落的一九四五年，在西南邊區的霧季中，奔馳、穿梭，尋找那個竹筒原本生長的地方。

2

一九四五年，中國西南邊境。

竹林佈滿濃霧，他們沙沙地穿梭在竹林間。

白粉粉的霧氣包裹在每一個孩子的周圍，撥也撥不開，推也推不走，眼前不到一丈遠的地方就是視野的極限。

領頭的三發子雙臂已被竹枝割得鮮肉畢現，他咬緊牙關，揮動山刀繼續劈開迎面的枝條。他只有十五歲，但卻是這些孩子中的頭頭。

沉積了不知幾百年幾千年的腐葉，才醞釀了竹林中的沃土；孩子們追尋著三發子，草鞋一步步踏過鬆軟的土地，有的孩子一面跌跌撞撞地前進、一面無聲地哽咽，阿梅因爲拖著她襁褓中的幼弟，總落在後頭，好在三發子派了綽號小官人的李家老二看緊了小梅，免得她掉隊。

老人生前常常說著說著就忘了彈菸灰，長長一截灰燼燒得通赤又轉爲灰白，靜靜地跌墜在他藍緞的袦子上。

「十三個娃娃，就這樣迷失在竹林裡。……

「這些娃兒都來自同一個漢人聚落。日本鬼子逐漸逼近了這個聚落，成年人決定組織民團和鬼子死戰到底，但是他們要保存一脈香火，就把孩子們分批遣散。

「三發子這一隊最後出發，民團再也撥不出多餘的壯丁來護送他們，於是五個十歲以上的男孩都配給了火器。」

老人的瞳孔愈縮愈緊，他進入時光隧道的時候總是如此，讓長壽菸的霧氣一圈圈地裹住凹陷的雙頰：

「縣城早已淪陷在鬼子手裡，要逃離只有兩條路，一條是沿鄉道往西，另一條是穿越九盤山下的竹林往南方的聚落疏散。當時往西的道路成爲轟炸機的主要目標，只有往南，但是往南並沒有路。」

老人死後幾天，很奇怪地，我一直在夢中複習竹林裡的事件，每一次醒來，我都感覺到自己的夢境好像繼承了老人的記憶。……

十三個孩子靜靜聚在竹叢中，入夜後霧氣透出一種乳白色的、半凝固般的氛圍。三發子拿出背袋裡殘餘的米糕，剝成一堆粉屑，每一個孩子都搶著用食指沾著吃。

小梅學著母親掀開布衫，將剛剛發育的乳房湊在弟弟的嘴上，飢餓的嬰兒用他僅有的幾枚牙齒狠狠地咬住嫩紅的乳頭吸吮，卻什麼也沒有得到。小梅的臉因爲劇痛而扭曲著，只是她不懂自己爲什麼連一個幼小的弟弟也解救不了。

八歲的小銀子蜷曲在泥地上啜泣，只有她的眼淚還沒有流盡。

腳步。

無法透視的大霧和黑黝黝的竹林深處。

喘息。

我從床上坐起，渾身是汗。

3

第一個發現日本鬼子的是午夜放哨的李家老二。十四歲男孩，細皮白肉，李家老二的左右兩肩因爲輪流背負著笨重的老獵槍而皮綻肉裂，只是因爲午夜冱寒的天候而暫時痲木了。

他沒有看見鬼子，但是他聽見了。

一連串沙沙的聲音，有人，有許多人進入竹林，互相用日語招呼著。李家老二開了第一槍。……

老人木然地瞪著我：「五把火槍，鄉下人打野豬的火槍，整整在大霧中支持了一夜。十三個孩子在最無助、最需要愛和食物的黑夜，整整抵抗了一個連的兵力，日本鬼子死也沒有想到，天亮時他們搜索到的是十三個孩子的屍體，唯一的一個女孩，是把自己的脖子撞上筍尖自殺的。」

我永遠記得老人說到這一段時那激動的神情。

日本鬼子還來不及攻到那個漢人聚落，就被中國軍隊逐漸驅退，老人的女兒小梅和襁褓中的幼子平白地和其他的孩子們一同罹難。

老人當時並沒有跟著孩子們一起出發，但是他可以告訴我那些孩子離開家園後的三天中，所發生的每一件事，直到他們在一場槍戰中紛紛倒下。

其實我還是相信老人，他從來就沒有在女兒和兒子死亡的現場出現過，可是他一樣對霧季的竹林瞭若指掌。他有權利用自己的方式來瞭解讓他受苦的這一場戰爭。

戰爭結束後，鄉人在竹林中找到十三個小孩共有的墳塚。日本鬼子不知是預知自己民族的不幸，還是天良發現，畢竟把孩子們埋了起來；而老人發現到一根竹桿上草草刻了幾個字：「我們要把國旗插在富士山上」，他一面抽搐，一面用三發子那把倒插在地上的彎刀劈下了刻上字的一截。

那是三發子最後的留言。

「日本鬼子爲孩子們立了一塊木牌，斜斜插在塚旁，木牌上留下了連隊的番號。」老人說完故事後，閉上眼睛，我害怕他會流淚，但是他沒有。

我從來不懂得如何安慰老人，所能做的唯有靜靜地聆聽；現在就是懂得如何安慰他也沒有用了。

只是他的故事就這麼時時盤繞在我的心中，那竹林吸取了孩子們的鮮血，竹筍年年勃勃茂生，茁壯成蔭。無論如何大霧也有消散的一天，只有那刻在竹皮上的傷痕，永不磨滅，隨著一截竹子，天長地久的流傳下去。

4

在喪禮中告別了老人，我帶著沉重的心情步上天橋，腦中仍然徘徊著老人的故事，一代一代，這個記憶將會永遠被傳遞下去，像是千萬樁發生在那場戰爭中的英勇故事。

天橋上有個小販攤開油紙，排開一列竹筒，每個十元，廉價清倉，靜候過橋路人問津。我趨前觀察，心頭一凜。

每一個竹筒都和老人擁有的竹筒相同大小，都在竹皮上用粗拙的字體雕刻著如左字樣：

「我們要把國旗插在富士山上」

太陽，正懸掛陸橋上空，小販，我以及所有的竹筒，都遺失了影子。

黃花劉寄奴

1

●劉寄奴草：

菊科，望江南屬，生於山地，多年生，草本。

每春自宿根出苗，莖高四、五尺，葉羽狀深裂，作五、六片，裂片披針形，緣邊有尖銳鋸齒，秋間，梢上分小枝，攢簇黃色之頭狀花，每一頭狀花序，其總苞上有一列舌狀花，內部有多數筒狀花，萼具冠毛，褐色。其嫩莖可食。

傳說南北朝時，宋朝開國君主劉裕（小字寄奴，廟號加尊號合起來稱「宋高祖武皇帝」）在篡晉前討伐荻新州，遇到巨蛇一尾，便搭弓射之。第二天，他在同一地點聽到搗臼的聲音，便循聲而行，發現童子數名，身穿青衣，在榛樹林中搗藥，劉裕上前詰問，有一童子回答：

「我的主人被劉寄奴所射，現在我們正在製作藥膏，要替他敷傷。」

「你們的主人爲什麼不殺他？」劉裕好奇地問。

「寄奴是未來的王者，不可殺、不可殺。」另一童子搖著頭，老成地說。

劉裕大聲叱喝，童子們四散逃逸，不一會都消失在榛林深處。劉裕收藥而返，日後征戰，每遇金瘡，敷上此藥即刻癒合，因此，這種用來研製傷藥的植物就被稱爲「劉寄奴草」。

2

●黃花劉寄奴：

金絲桃科，金絲桃屬，生於山野，多年生，草本，高至二、三尺，葉對生，廣披針形，無葉柄，二葉相對，宛如一葉而貫莖其中者然。夏秋間開花，花大，花瓣五，黃色，各瓣呈斜形，五體雄蕊，子房上位，此植物供觀賞之用，一名湖南連翹。

《植物名實圖考》上記載：湖南連翹生山坡，獨莖方稜，長葉對生，極似「劉寄奴」，梢端葉際開五瓣黃花，大如盃，長鬚迸露，中有綠心，如壺盧（葫蘆）形。一枝三花，亦有一花者，土人即呼爲「黃花劉寄奴」，日本名巴草。

黃花劉寄奴是劉寄奴的仿冒品，就如同劉寄奴草是劉寄奴神話的仿冒品，其理爲一。

3

我雙臂交叉，躺在一片黃色的花海中。

整片山坡上都植滿黃花劉寄奴，天空迷迷濛濛。阿鵬躺在我的下風處，而且黃花開得如此妍麗，根本無法看清楚他的臉，但是他的聲音還是依稀聽得：

「小安，對於那部片子你還有什麼構想？」

我連續打了兩個噴嚏，不太高興他用這句話打斷了我對於周圍這些黃花的考證，我撐起身體：

「我又想到一個鏡頭，讓新筍長起來，嗶嗶剝剝地長出來，」我用食指摹擬著筍的生長：「筍尖穿出那一隻染滿鮮血的小手掌，讓它穿出中指和無名指，技術上有沒有困難？」

「沒有。或者我可以把攝影機半埋進土裡，拍攝鮮血滲入土壤裡的鏡頭。」

「嗯，這部片從頭到尾只有十三個小孩，十三個小孩在竹林裡一一死亡就是十三次關鍵，所以每一個小孩都得有不同的死法，給觀衆十三次震撼。」

他的頭從花中竄出，幾片撞落的花瓣沾在他的額頭上：「那得看你的劇本。」

我笑笑：「那個結尾我覺得可以改，最後一個小孩死後，停格，然後是日本軍官的靴子走來，對吧？」他點點頭，我接著說：「你拍日本軍官切腹的時候，不要露出他的臉部。」

「不錯，從頭到尾日本軍人都沒有出現，整部片子只拍十三個被日軍困在竹林裡的小孩。」

「正合我心。關於時間的問題我倒有一個想法，從電影一開始到結束是八十五分鐘，對吧？」

「嗯。」

「實際時間可以和電影時間完全疊合，我的意思是說，故事中整個圍攻竹林的時間正好是八十五分鐘，我們在電影也用八十五分鐘來處理。」

「好點子，技術上沒有問題。」

「對了我剛才提到結尾部分可以改，我指的是片尾有一個小女孩在黑暗的大地上清唱國旗歌那段，那段根本不要配樂，唱完後也不必打出一面大國旗來。」

「這個你不必擔心，我們可以做兩個版本，放映出來再取決一個。」

我們搭著彼此的肩膀，不知不覺地向山坡上漫步，黃花一直通到山的稜線之後。我感到阿鵬體內廻蕩著浪潮。

也許，故事裡那些抗日的小孩就是劉寄奴遇見的搗藥小童也不一定，嗯，眞是沒有因果關係的胡亂牽扯。

但是，那十三具小屍體的口中，果眞都長出了一株黃花劉寄奴，這檔事電影裡頭不可能出現，只出現在我的心中，就連阿鵬也不知道呢。

作者簡介

林燿德，一九六二年生於台北市，現爲專業作家。著有小說《惡地形》、《大日如來》、《一九四七·高砂百合》、《時間龍》、《雙色小小說》、《非常的日常》，詩集《銀碗盛雪》、《都市終端機》、《妳不瞭解我的哀愁是怎樣一回事》、《都市之甍》、《一九九〇》，散文集《一座城市的身世》、《迷宮零件》，評論集《一九四九以後》、《不安海域》、《羅門論》、《重組的星空》、《期待的視野》，訪談錄《觀念對話》等多種，並曾編輯《新世代小說大系》（與黃凡合編）、《台灣新世代詩人大系》（與簡政珍合編）、《台灣當代文學批評大系·文學現象卷》等多部。一九八八年以降，多次應邀赴大陸及海外地區巡迴演講。

迷宮的起源是錯綜複雜的防禦工事，迷宮的說法是為了避邪而建造的迴路。在阿根廷詩人波赫士筆下的迷宮是文學與現實匯合的神奇空間，而在林燿德作品中迷宮是人類文明，也是現代都會擴張發展的原型。。

《迷宮零件》收錄林燿德近作三十六篇，作品具備散文的形式、詩的思維、小說的敘述趣味，是現代文學中散文藝術的嶄新類型。

迷宮零件

〔林燿德◉著〕
定價130元

1947・高砂百合

〔林燿德◉著〕**定價180元**

《高砂百合》這部小說有熱血澎湃的鬥爭、淒美哀絕的性愛、驚心動魄的殺戮、小我與大我之間的掙扎與辯證，透過情節和細膩的文體，呈現一種嶄新的生命視野和文學形態，超越了後現代文學的無深度與無高度，引導我們追索出宇宙性的大寂寞、大荒涼與大鄉愁。

叢書目錄

001	人生歌王	王禎和著	定價140元
002	刺繡的歌謠	鄭愁予著	定價100元
003	開放的耳語	瘂弦主編	定價110元
004	沈從文自傳	沈從文著	定價130元
005	夏志清文學評論集	夏志清著	定價130元
006	如何測量水溝的寬度	瘂弦主編	定價130元
010	烟花印象	袁則難著	定價110元
011	呼蘭河傳	蕭　紅著	定價130元
012	曼娜舞蹈教室	黃　凡著	定價110元
015	因風飛過薔薇	潘雨桐著	定價130元
017	春秋茶室	吳錦發著	定價130元
018	文學・政治・知識分子	邵玉銘著	定價100元
019	並不很久以前	張　讓著	定價140元
020	書和影	王文興著	定價130元
021	憐蛾不點燈	許台英著	定價110元
022	傅雷家書	傅　雷著	定價180元
023	茱萸集	汪曾祺著	定價150元
024	今生緣	袁瓊瓊著	定價200元
025	陰陽大裂變	蘇曉康著	定價140元
028	追尋	高大鵬著	定價130元
029	給我老爺買魚竿	高行健著	定價130元
031	獵	張寧靜著	定價120元
032	指點天涯	施叔青著	定價120元
033	昨夜星辰	潘雨桐著	定價130元
034	脫軌	李若男著	定價120元
035	她們在多年以後的夜裡相遇	管　設著	定價120元
036	掌上小札	蘇偉貞等著	定價100元
037	工作外的觸覺	孫運璿等著	定價140元
038	没卵頭家	王湘琦著	定價140元
040	喜福會	譚恩美著	定價160元
041	變心的故事	陳曉林等著	定價110元
043	影子與高跟鞋	黃秋芳著	定價120元
044	不夜城市手記	蔡詩萍著	定價130元
045	紅色印象	林　彧著	定價120元
046	世人只有一隻眼	凌　拂著	定價120元
048	高砂百合	林燿德著	定價180元
049	我要去當國王	履　彊著	定價120元
050	黑夜裡不斷抽長的犬齒	梁寒衣著	定價120元
051	鬼的狂歡	邱妙津著	定價110元
052	如花初綻的容顏	張啓疆著	定價100元
053	鼠咀集——世紀末在美國	喬志高著	定價250元
054	心情兩紀年	阿　盛著	定價140元
055	海東青	李永平著	定價500元
056	三十男人手記	蔡詩萍著	定價120元
057	京都會館內褲失竊事件	朱　衣著	定價120元
058	我愛張愛玲	林裕翼著	定價120元
059	袋鼠男人	李　黎著	定價140元

叢書目錄

060	紅顏	楊　照著	定價120元
062	教授的底牌	鄭明娳著	定價130元
068	少年大頭春的生活週記	大頭春著	定價120元
069	我們在這裡分手	吳　鳴著	定價130元
070	家鄉的女人	梅　新著	定價110元
072	紅字團	駱以軍著	定價130元
073	秋天的婚禮	師瓊瑜著	定價120元
074	大車拚	王禎和著	定價150元
075	原稿紙	小　魚著	定價200元
076	迷宮零件	林燿德著	定價130元
077	紅塵裡的黑尊	陳　衡著	定價140元
078	高陽小說研究	張寶琴主編	定價120元
079	森林	蓬　草著	定價140元
080	我妹妹	大頭春著	定價130元
081	小說、小說家和他的太太	張啓疆著	定價140元
082	維多利亞俱樂部	施叔青著	定價130元
083	兒女們	履　彊著	定價140元
084	典範的追求	陳芳明著	定價250元
085	浮世書簡	李　黎著	定價200元
086	暗巷迷夜	楊　照著	定價140元
087	往事追憶錄	楊　照著	定價130元
088	星星的末裔	楊　照著	定價150元
089	無可原諒的告白	裴在美著	定價140元
090	唐吉訶德與老和尚	栗　耘著	定價140元
091	佛佑茶腹鳾	栗　耘著	定價160元
092	春風有情	履　彊著	定價130元
093	沒人寫信給上校	張大春著	定價250元
094	舊金山下雨了	王文華著	定價140元
095	公主徹夜未眠	成英姝著	定價130元
096	地上歲月	陳　列著	定價120元
097	地藏菩薩本願寺	東　年著	定價120元
098	四十年來中國文學	邵玉銘等編	定價350元
099	群山淡景	石黑一雄著	定價140元
100	性別越界	張小虹著	定價180元
101	行道天涯	平　路著	定價180元
102	花叢腹語	蔡珠兒著	定價180元
103	簡單的地址	黃寶蓮著	定價160元
104	在海德堡墜入情網	龍應台著	定價180元
105	文化探光	黃光男著	定價160元
106	文學的原像	楊　照著	定價180元
107	日本電影風貌	舒　明著	定價300元
108	傳奇莫言	莫　言著	定價180元
109	夢書	蘇偉貞著	定價160元
110	大東區	林燿德著	定價180元

劃撥帳號:17623526聯合文學出版社有限公司。如欲掛號,每件另加十四元。本書目所列定價如與版權頁有異,以各書版權頁定價為準。

感謝您購買本書，這一小張回函，

是專為您、作者及本社搭建的橋樑，

透過完善的讀者資料建檔和意見交流，

我們將參考您的意見，出版更多的好書，

並提供您相關的書訊、活動以及優惠特價。

廣　告　回　郵
北區郵政管理局登
記證北台字 7476 號
免　貼　郵　票

聯合文學出版社有限公司

台北市基隆路一段180號7樓

服務專線：(02)7666759

請填妥後對折裝訂，直接投郵即可，免貼郵票。

《聯合文學》大東區 *書友卡*

姓名：

地址：

電話：　　　　職業：

出生：　年　月　日　性別：

學歷：

您得知本書的方式

□報紙報導　□報紙廣告　□電臺　□雜誌　□傳單　□聯合文學
□逛書店　□其它

對於本書的意見（請填代號 ❶滿意 ❷尚可 ❸再改進 請提供建議）

內容：

封面：

編排：

其他：

您對本社叢書

□經常買　□偶而選購　□初次購買

您是聯合文學雜誌

□訂戶　□零售選購讀者　□一般讀者　□非讀者

聯合文叢 089

大東區

作　　者／林燿德
發 行 人／張寶琴

總 編 輯／初安民
主　　編／江一鯉
美術編輯／蘇婉儀
校　　對／黃淑芬　林燿德

出 版 者／聯合文學出版社有限公司
地　　址／台北市基隆路一段180號7樓
電　　話／7666759・7634300轉5106
郵撥帳號／17623526聯合文學出版社有限公司
登 記 證／行政院新聞局局版臺業字第6109號

印 刷 廠／世和印刷企業有限公司
總 經 銷／聯經出版事業公司
地　　址／台北縣汐止鎮大同路一段367號三樓
電　　話／(02)6422629

出版日期／84年6月 初版
定　　價／180元

ISBN 957-522-112-5　Printed in Taiwan

國立中央圖書館出版品預行編目資料

大東區 / 林燿德著. -- 初版. -- 臺北市 : 聯合文學出版 ; 臺北縣汐止鎮 : 聯經總經銷,, 民84
面 ; 公分. -- (聯合文叢 ; 89)
ISBN 957-522-112-5(平裝)

857.63 84004826